中国旅游统计年鉴

THE YEARBOOK OF CHINA TOURISM STATISTICS

2005

中华人民共和国国家旅游局
NATIONAL TOURISM ADMINISTRATION OF
THE PEOPLE'S REPUBLIC OF CHINA

中国旅游统计年鉴编辑委员会名单

LIST OF EDITORIAL BOARD OF THE YEARBOOK OF CHINA TOURISM STATISTICS

1980～2004年入境旅游人数和国际旅游(外汇)收入
ANNUAL VISITOR ARRIVALS AND TOURISM RECEIPTS1980-2004

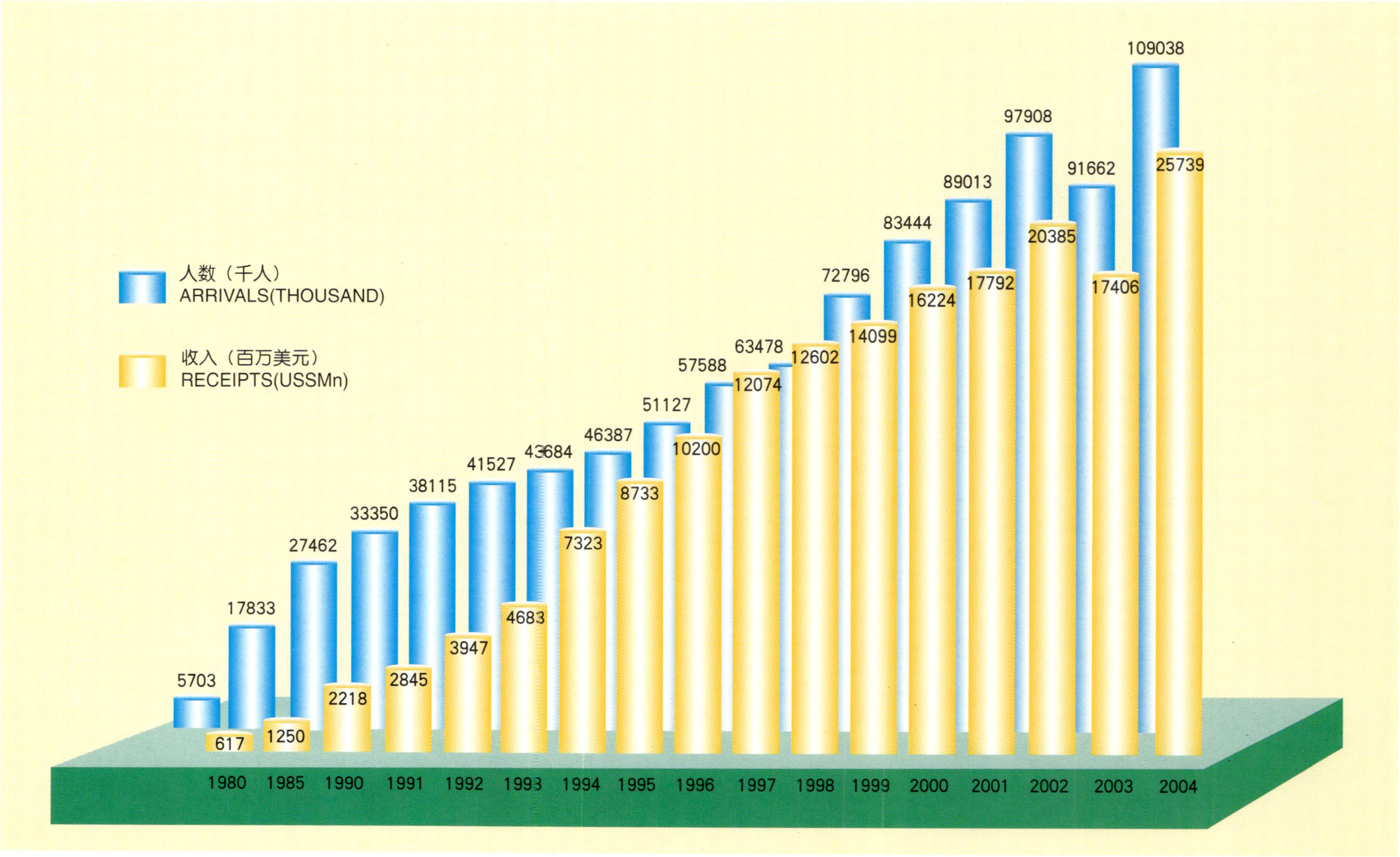

1980～2004年入境旅游人数和国际旅游(外汇)收入增长速度

ANNUAL INCREASING RATES OF VISITOR ARRIVALS AND TOURISM RECEIPTS 1980-2004

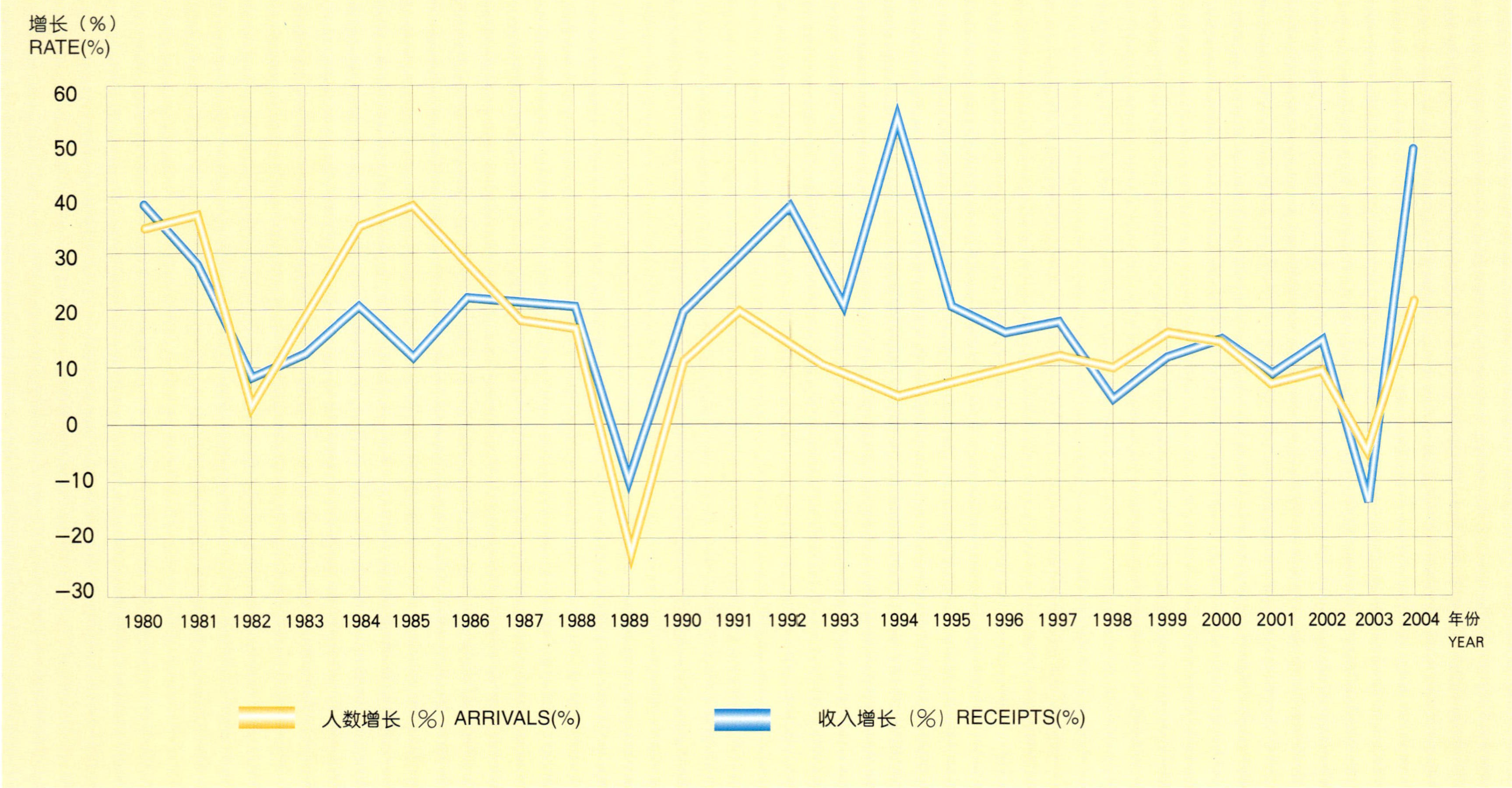

1995～2004 年旅游业总收入

TOTAL INCOME OF CHINA'S TOURISM INDUSTRY 1995–2004

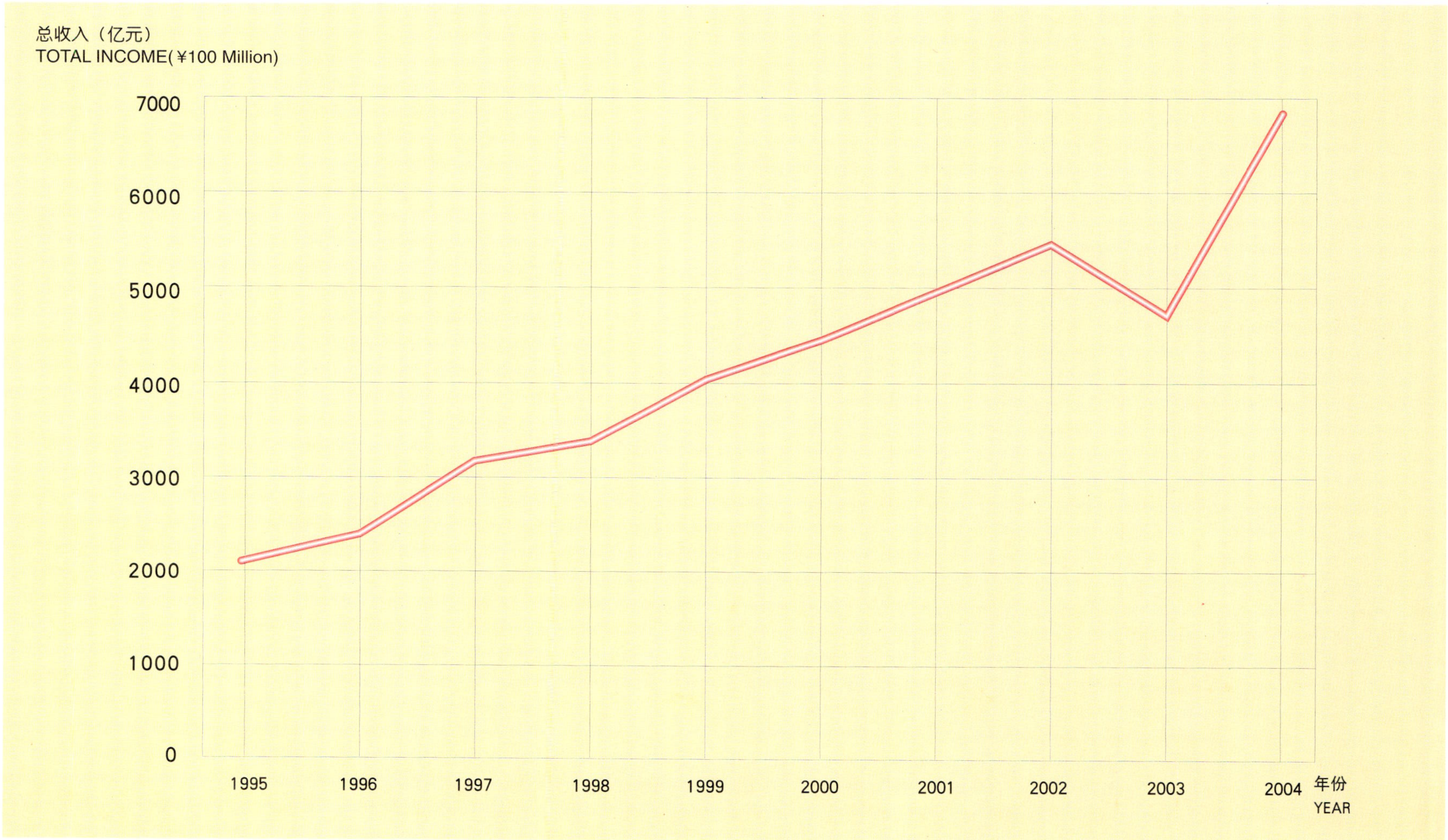

2003～2004 年主要国家入境旅游人数

FOREIGN VISITOR ARRIVALS FROM THE MAIN GENERATING COUNTRIES 2003-2004

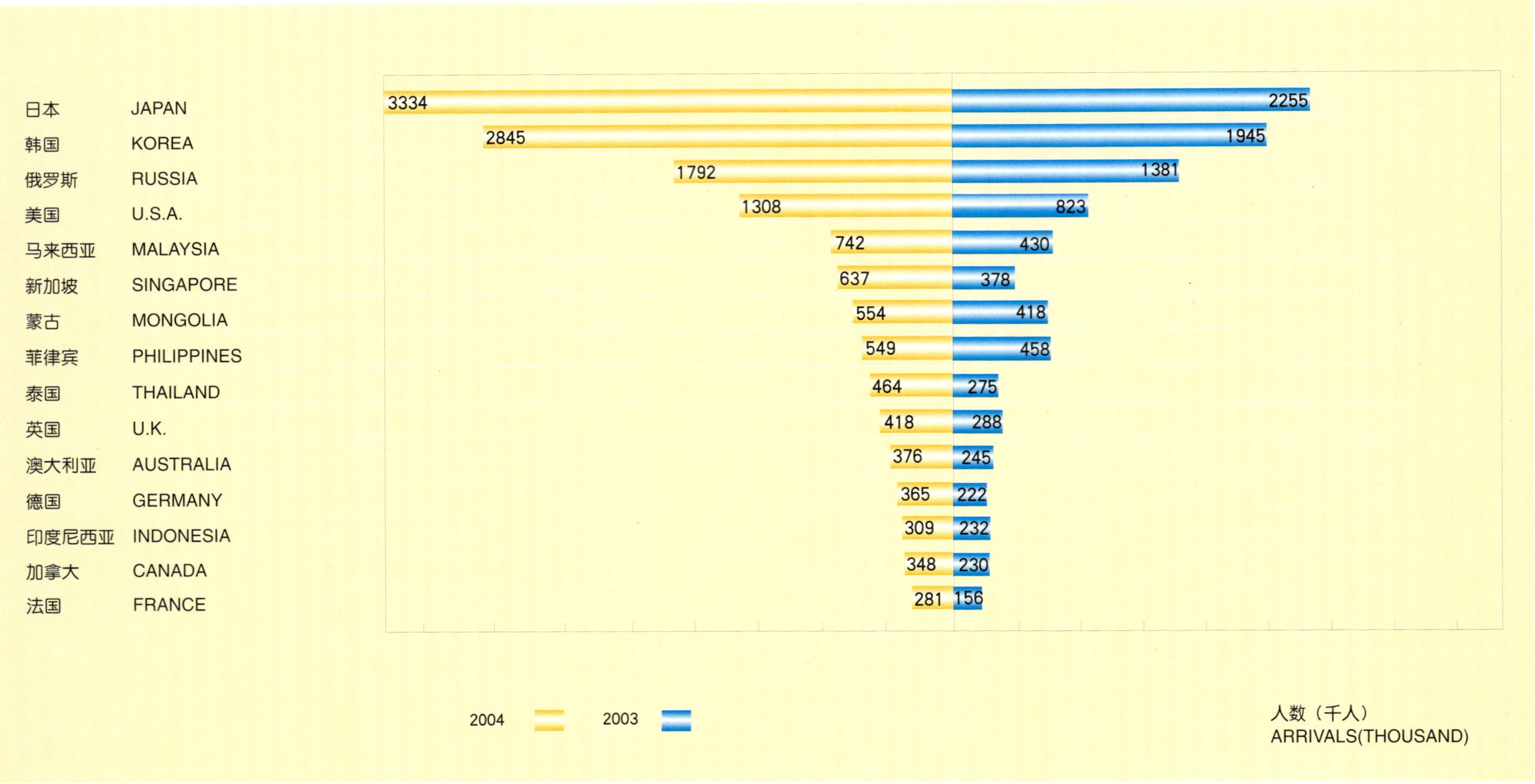

2002～2004 年各月入境外国游客人数

MONTHLY FOREIGN VISITOR ARRIVALS 2002-2004

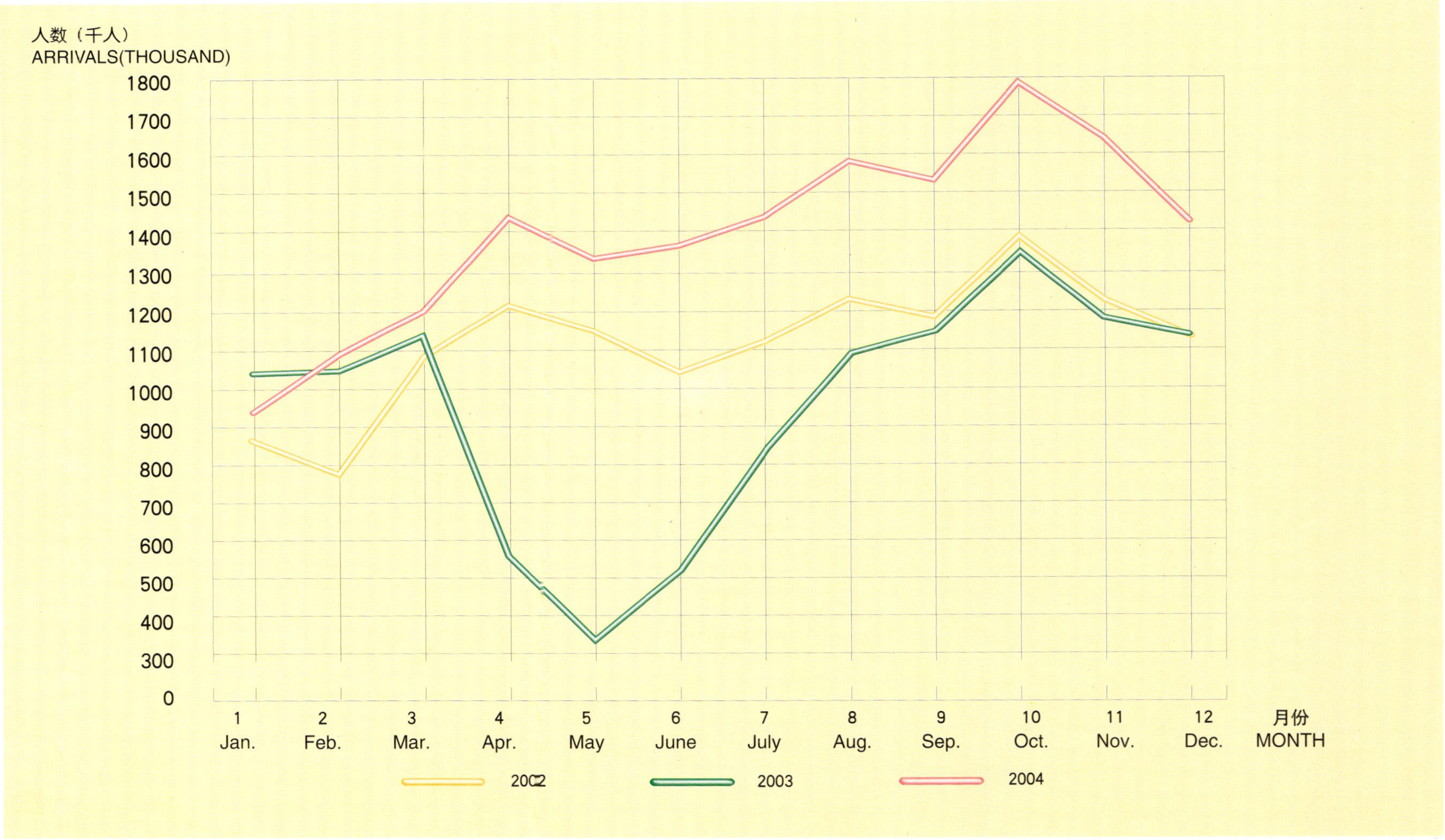

2004年主要城市接待入境旅游者人数
ARRIVALS TO MAJOR CITIES 2004

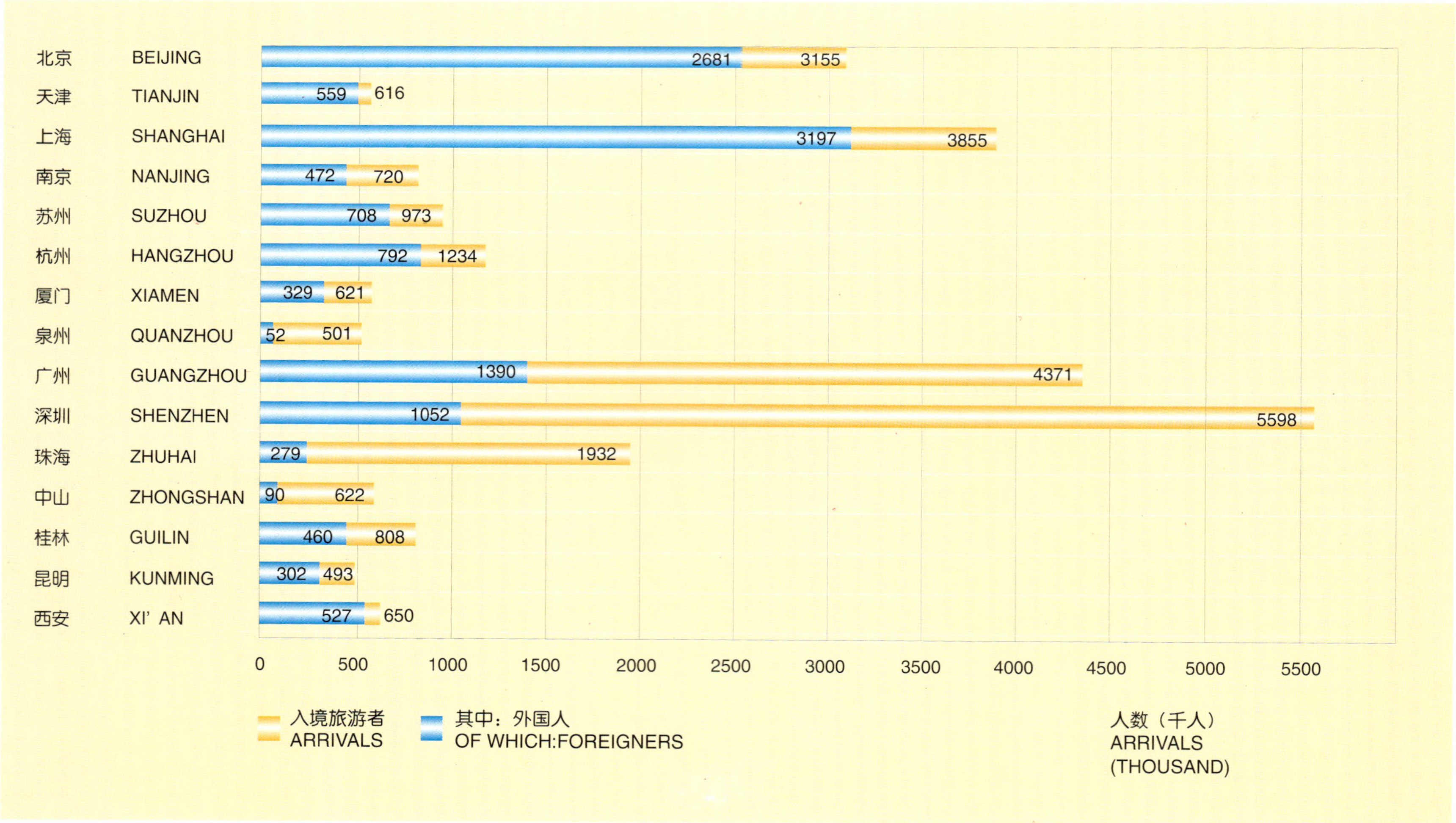

2004年入境外国游客人数构成(按地区分)
BREAKDOWN OF FOREIGN VISITOR ARRIVALS BY REGION 2004

2004年入境外国游客人数构成(按入境方式分)
BREAKDOWN OF FOREIGN VISITOR ARRIVALS BY MODE OF TRANSPORT 2004

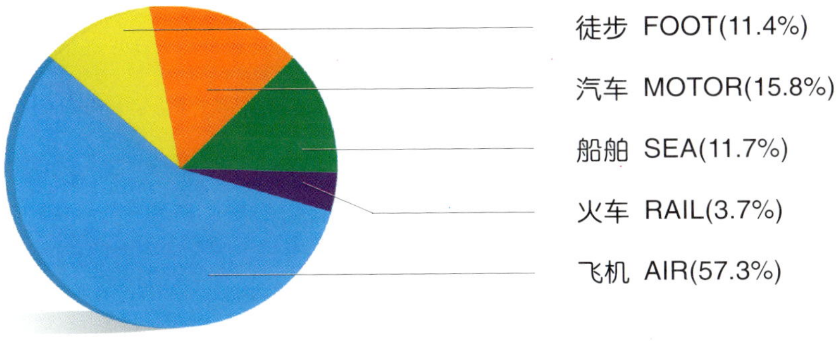

2004 入境外国游客人数构成（按年龄分）
BREAKDOWN OF FOREIGN VISITOR ARRIVALS BY AGE 2004

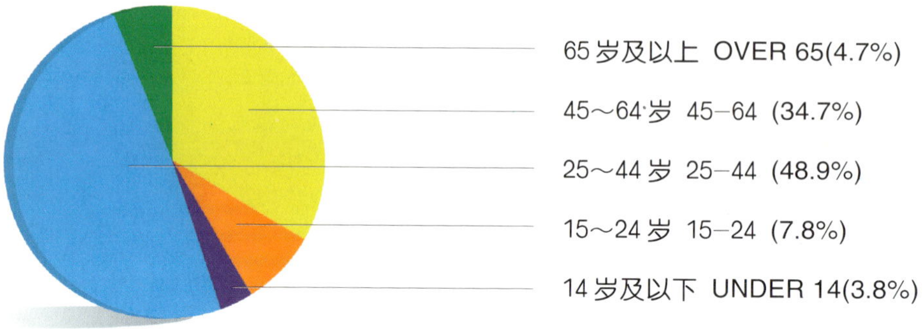

2004 年入境外国游客人数构成（按目的分）
BREAKDOWN OF FOREIGN VISITOR ARRIVALS BY PURPOSE 2004

2004年国际旅游（外汇）收入构成
BREAKDOWN OF INTERNATIONAL TOURISM RECEIPTS 2004

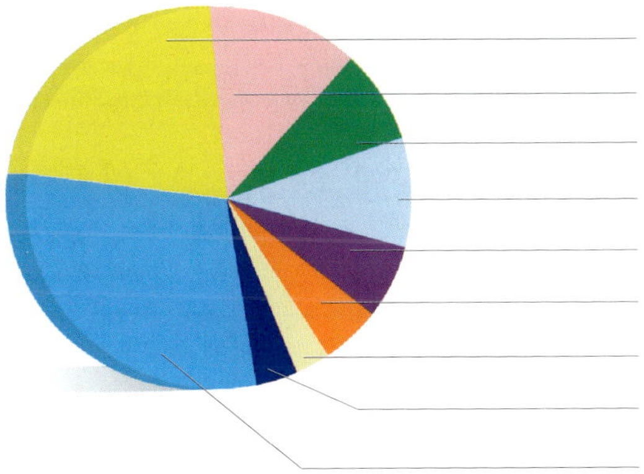

2004年国际旅游（外汇）收入（按来源分）
INTERNATIONAL TOURISM RECEIPTS 2004

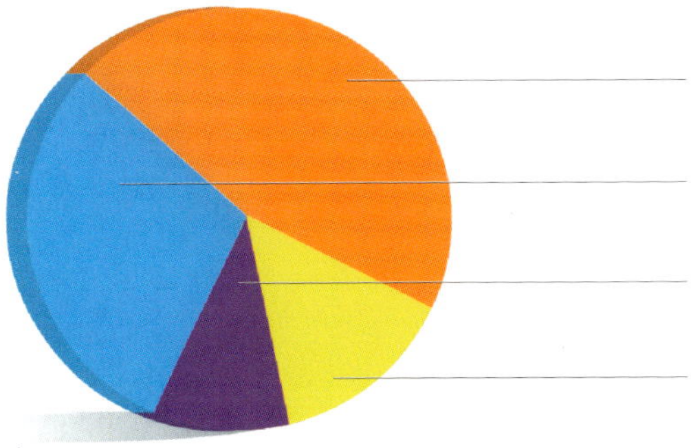

1992～2004年星级饭店数及客房数

NUMBER OF STAR-RATED HOTELS & ROOMS1992-2004

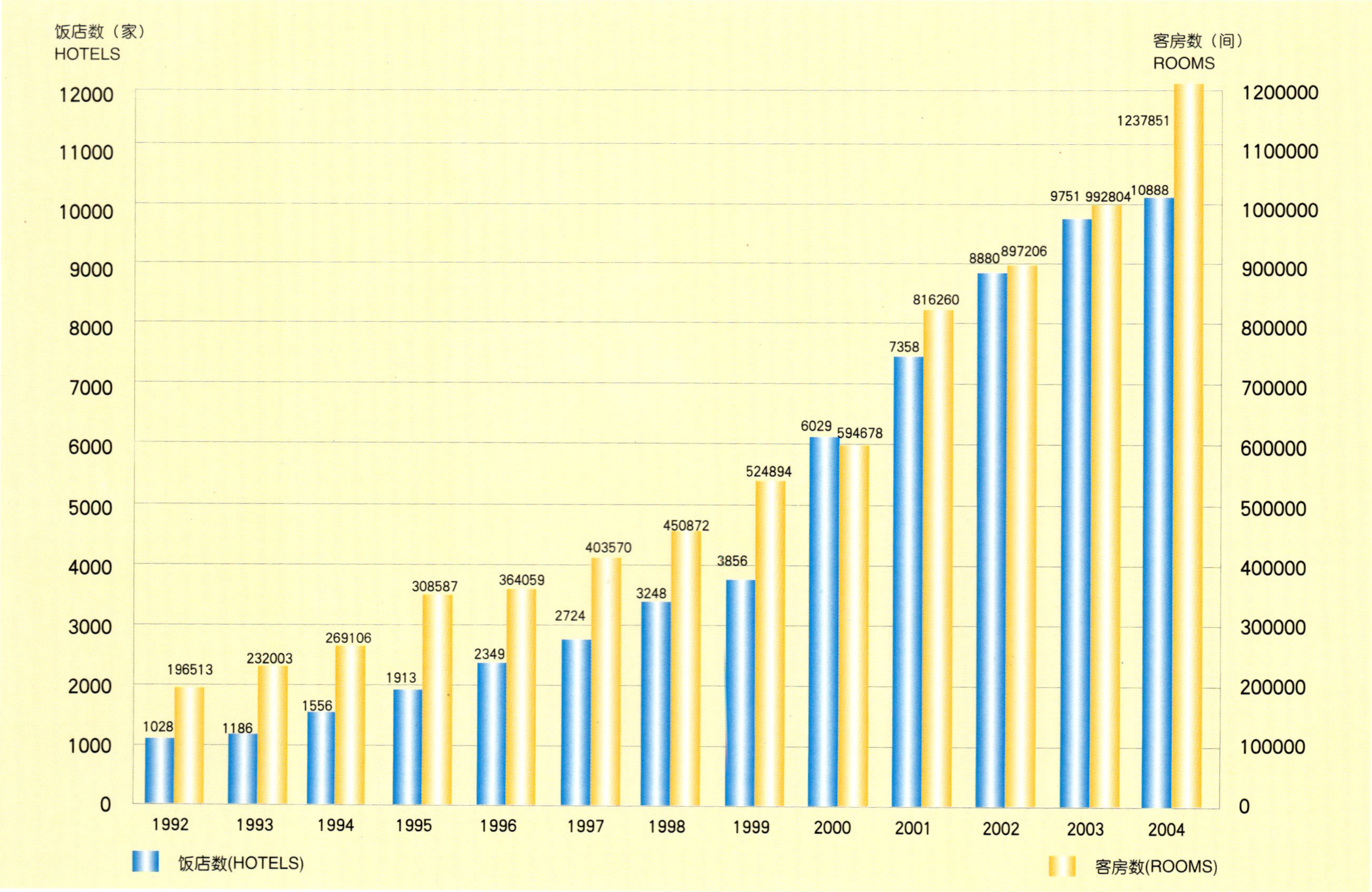

2004年不同星级饭店的数量及客房数
NUMBER OF DIFFERENT STAR-RATED HOTELS & ROOMS 2004

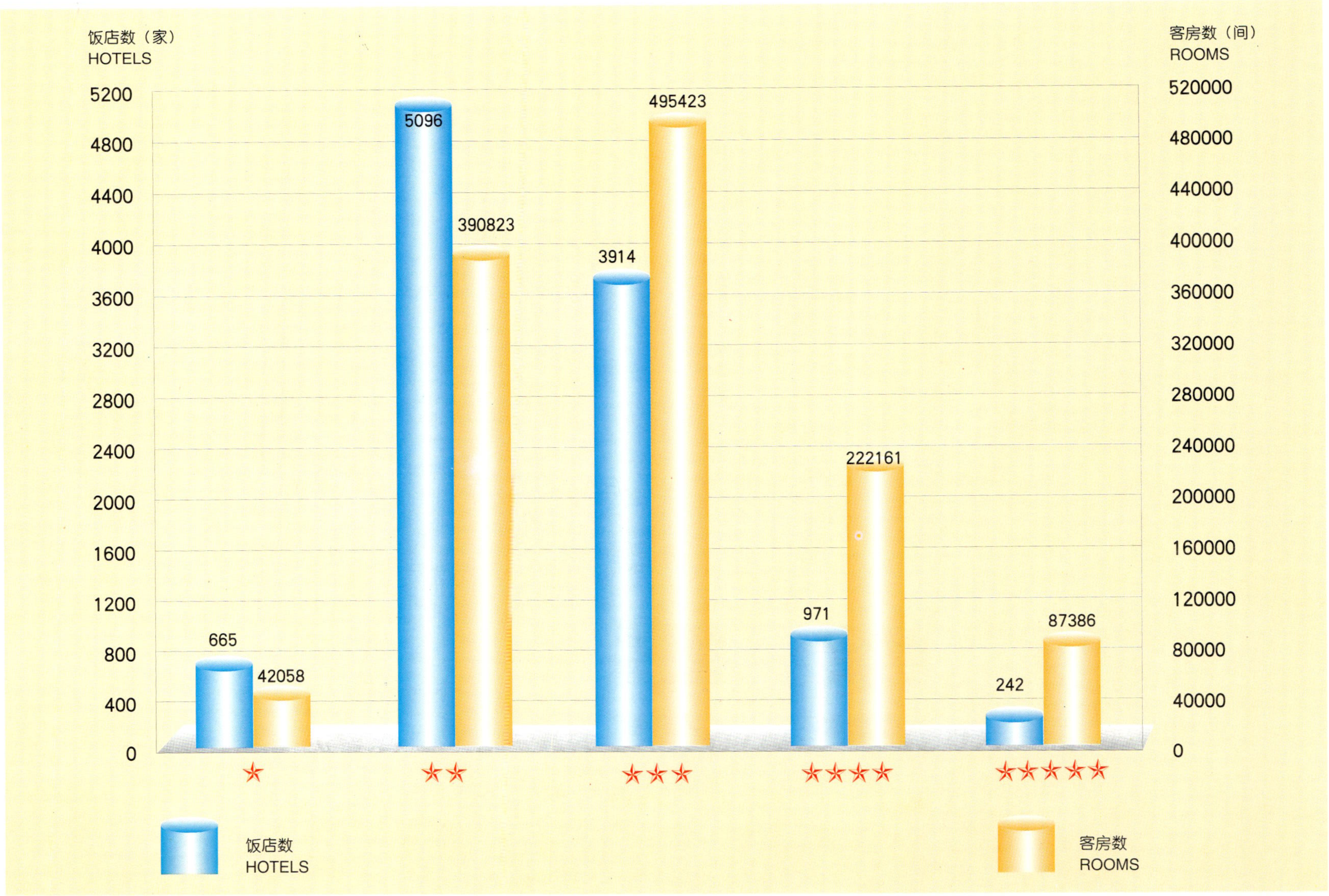

编 者 说 明

《中国旅游统计年鉴2005》是一本全面反映2004年中华人民共和国旅游业发展情况的资料性年刊。全书为中英文对照版本，内容分为：2004年中国旅游业统计公报和入境旅游人数、入境外国游客主要特征、国际旅游(外汇)收入、国内旅游基本情况、地方接待入境旅游者情况、星级饭店基本情况、旅行社基本情况、旅游企事业单位基本情况等共八个部分的统计资料。

本年鉴所附的《旅游统计基本概念和主要指标解释》，是对主要旅游统计指标的含义、统计范围和统计方法所作的简要说明。

本年鉴资料来源于全国各地旅游部门、统计部门和公安边检等部门。全国统计数据均未包括我国台湾省、香港特别行政区和澳门特别行政区的数字。本年鉴的统计数字是按国家旅游局、国家统计局联合制定的《旅游统计调查制度》规定的口径进行统计和汇总的，个别特殊的地方做了注释和说明。在编辑过程中，我们对2004年各月数字进行了核实、调整，读者在使用时如发现已经公布的统计数字与本年鉴数字不符，则以本年鉴数字为准。

本年鉴是了解中国旅游业2004年发展情况的权威性资料，可供旅游部门、国民经济各有关部门、教学科研单位以及旅游经济的科研人员、大专院校师生使用。海外旅游业同行、有关行业人士以及入境旅游的外国人、港澳台同胞亦可从中得到有关统计信息。本年鉴中凡带有续表的资料，如有注解均加在第一张表下面，请读者使用时注意。表中有“#”号者表示为该栏的主要项或其中项；有“*”号者表示本表下有注解；空格处表示该项数据不详或以前年份无该项数据。统计表下注有资料来源单位，未注明的均为国家旅游局提供。

中国旅游统计年鉴编委会

二○○五年十一月

INTRODUCTION

The Yearbook of China Tourism Statistics for 2005 is a yearly review with information on the overall development of the tourism industry in the People's Republic of China in 2004. Written in English and Chinese, the information in this Yearbook covers eight aspects: Statistics Report on China's Tourism Industry in 2004 and visitor arrivals to China, major profile of international visitors to China, international tourism receipts, domestic tourism, business of different regions, business of star-rated hotels, business of travel agencies, travel enterprises and non-business institutions.

A note to the Index of Major Statistic Terms is attached at the end of the Yearbook, which gives a brief explanation of the meaning of main toruism statistics, scope and method of data-collecting.

The data of the Yearbook come from the tourism departments, statistical departments, and ports of entry and exit of public security departments throughout the country. The statistics of Taiwan Province, Hong Kong Special Administrative Region and Macao Special Administrative Region are not included. All the data are processed and compiled in line with the requirements set forth in the tourism statistics reporting system jointly formulated by the National Tourism Administration and the State Statistics Bureau, and explanatory notes are provided in some special cases. Re-check and re-adjustments have been made to the figures of each month in 2004, and if some inconsistency is found between the published figures and the figures in this Yearbook, the latter should be taken as authentic.

This Yearbook provides authoritative data on the development of China's tourism industry in 2004, which is useful to tourism departments, relevant departments of the national economy, education and research institutes, and students and teachers. The overseas travel trade, relevant people of the industry and foreign tourists to China, compatriots from Hong Kong, Macao and Taiwan can also benefit from this Yearbook.

In the Yearbook, wherever a table is contiuned on the next page, footnotes are given on the first page. The mark "#" denotes headline entry, while the mark "*" leads to footnotes. A blank cell means relevant data unclear or the relevant figure for previous years not available. Sources of the data are acknowledged beneath the table. All the unacknowledged data are provided by the National Tourism Administration.

Editing Committee of
the Yearbook of China Tourism Statistics
November, 2005

目　录

CONTENTS

2004年中国旅游业统计公报

国 家 旅 游 局

(2005年11月10日)

2004年,我国旅游业全面恢复振兴。全年共接待入境游客10903.82万人次,实现国际旅游外汇收入257.39亿美元,分别比上年增长19.0%和47.9%;国内旅游人数11.02亿人次,收入4710.71亿元人民币,分别比上年增长26.6%和36.9%;中国公民出境人数达到2885.29万人次,比上年增长42.7%;旅游业总收入6840亿元人民币,比上年增长40.1%;相当于当年全国国内生产总值的5.01%,比上年提高0.83个百分点。

一、入境旅游业实绩

2004年,我国入境旅游市场不但全面恢复到历史最好水平,而且有新的突破性大发展,全年入境旅游人数首次突破1亿人次:

——入境旅游人数达10903.82万人次,比上年增长19.0%,比2002年增长11.4%。其中:外国人1693.25万人次,比上年增长48.5%,比2002年增长26.0%;香港同胞6653.89万人次,比上年增长13.2%,比2002年增长7.5%;澳门同胞2188.16万人次,比上年增长16.7%,比2002年增长15.6%;台湾同胞368.53万人次,比上年增长34.9%,比2002年增长0.7%。

——入境过夜旅游人数达4176.14万人次,比上年增长26.7%,比2002年增长13.5%。在入境过夜游客中,外国人1365.99万人次,比上年增长53.7%,比2002年增长27.5%;港澳同胞2488.91万人次,比上年增长14.7%,比2002年增长8.7%;台湾同胞321.24万人次,比上年增长35.1%,比2002年增长0.6%。

——国际旅游(外汇)收入达257.39亿美元,比上年增长47.9%,比2002年增长26.3%。

二、国内旅游业实绩

2004年,我国国内旅游人数首次突破10亿人次大关,国内旅游收入也有大幅增长。

——全国国内旅游人数达11.02亿人次,比上年增长26.6%。其中:城镇居民4.59亿人次,农村居民6.43亿人次。

——全国国内旅游收入4710.71亿元人民币,比上年增长36.9%。其中:城镇居民旅游消费3359.04亿元,农村居民旅游消费1351.67亿元。

——全国国内旅游出游人均花费427.5元,比上年增长8.0%。其中:城镇居民国内旅游出游人均花费731.8元,农村居民国内旅游出游人均花费210.2元。

——在春节、"五一"、"十一"三个"黄金周"中,全国共接待国内游客2.68亿人次,实现旅游收入1077亿元。

三、入境旅游客源市场情况

1.外国市场

2004年,外国入境市场恢复增长,与上年相比,各洲来华人数增幅均接近或超过50%;与2002年相比,增幅亦达到两位数。全年入境外国游客1693.25万人次,比上年增长48.5%,比2002年增长26.0%。

——洲内市场恢复发展势头良好。入境旅游总人数比上年增长47.8%,比2002年增长24.2%,占入境外国人总数的63.4%,市场份额比上年降低0.3个百分点。其中:与上年相比,日本、韩国、朝鲜、泰国、新加坡、印度尼西亚、马来西亚、印度、斯里兰卡和哈萨克斯坦等市场增幅均超过或接近五成;蒙古、菲律宾、吉尔吉斯斯坦等市场增幅超过20%。

——洲际市场恢复发展迅猛,市场份额较上年有所提升。欧洲、美洲、大洋洲和非洲客源与上年相比,分别增长45.4%、58.0%、50.7%和66.4%;与2002年相比,分别增长33.6%、18.5%、27.8%和76.0%。各主要客源国来华人数增幅都达到两位数,其中,与上年相比,英国增长45.0%、德国增长64.5%、法国增长80.1%、俄罗斯增长29.8%、美国增长59.1%、加拿大增长51.1%、澳大利亚增长53.3%。。

——2004年,外国入境过夜游客在境内的平均停留天数为6.3天,人均天花费为171.06美元。

16个主要客源国2004年的入境旅游人数和增长情况如下:

序号	国家	入境旅游人数(万人次)	比上年增长(%)	比2002年增长(%)
1	日本	333.43	47.9	14.0
2	韩国	284.49	46.2	33.9
3	俄罗斯	179.22	29.8	40.9

4	美　　国	130.86	59.1	16.7
5	菲律宾	74.19	72.5	25.2
6	马来西亚	63.68	68.4	28.1
7	蒙　　古	55.38	32.4	22.2
8	新加坡	54.94	20.0	8.0
9	英　　国	46.42	68.5	20.2
10	泰　　国	41.81	45.0	21.9
11	澳大利亚	37.63	53.3	29.2
12	印度尼西亚	36.53	64.6	29.6
13	加拿大	34.98	50.9	27.3
14	德　　国	34.80	51.1	19.5
15	印　　度	30.94	41.2	44.8
16	法　　国	28.11	80.1	26.5

2. 港澳台地区市场

2004年，作为入境旅游市场的主体的港澳台市场蓬勃发展，入境人数均比上年增长两位数。

——2004年，香港市场入境人数为6653.89万人次，比上年增长13.2%，比2002年增长7.5%。其中：过夜游客2132.67万人次，比上年增长14.3%，占32.1%；一日游人数4521.21万人次，比上年增长12.7%，占67.9%。

——2004年，澳门市场入境人数突破2000万，达2188.16万人次，比上年增长16.7%，比2002年增长15.6%。其中：过夜游客356.24万人次，比上年增长16.9%，占16.3%；一日游人数1831.92万人次，比上年增长16.6%，占83.7%。

——2004年，台湾市场入境人数368.53万人次，比上年增长34.9%，比2002年增长0.7%。

四、各省、自治区、直辖市入境旅游接待与收入情况

——2004年，全国各省、自治区、直辖市接待的入境过夜游客总计为4393.71万人次，比上年增长45.6%。接待量超过30万人次的有广东、上海、北京、江苏、浙江、福建、山东、广西、云南、辽宁、四川、陕西、内蒙古、黑龙江、天津、湖北、河北、湖南、安徽、河南、重庆、吉林、新疆、海南等24个省（区、市）。广东省接待入境过夜游客1563.65万人次，继续居全国第一位。

——2004年，全国各省、自治区、直辖市接待的外国过夜游客总计为2441.92万人次，比上年增长62.1%。接待量超过20万人次的有广东、上海、北京、江苏、浙江、山东、辽宁、内蒙古、云南、广西、黑龙江、福建、陕西、天津、四川、河北、湖北、湖南、重庆、安徽、吉林、新疆、河南等23个省(区、市)。广东省接待外国过夜游客377.68万人次，居全国第一位。

——2004年，国际旅游(外汇)收入超过1亿美元的有广东、北京、上海、江苏、浙江、福建、辽宁、山东、云南、天津、陕西、湖南、黑龙江、四川、广西、内蒙古、重庆、湖北、河北、河南、安徽等21个省(区、市)，比上年增加4个。广东省的旅游(外汇)收入达53.78亿美元，继续居全国第一位。按外汇收入多少排列，31个省、自治区、直辖市的具体情况是：

序号	地 区	国际旅游(外汇)收入(万美元)	增长(%)	接待入境旅游人数(万人次)	增长(%)
1	广 东	537 821	26.0	1563.65	30.6
2	北 京	317 343	66.7	315.50	70.4
3	上 海	304 124	48.2	385.45	57.5
4	江 苏	176 344	55.8	306.57	37.4
5	浙 江	130 047	49.1	276.67	53.0
6	福 建	106 507	16.4	172.90	15.5
7	辽 宁	61 281	35.0	108.08	38.8
8	山 东	56 655	53.1	119.31	53.6
9	云 南	42 245	24.2	110.10	10.1
10	天 津	41 253	25.2	61.59	26.0
11	陕 西	36 136	82.1	80.02	71.8
12	湖 南	31 308	584.0	55.34	259.5
13	黑龙江	30 215	24.0	73.28	24.8
14	四 川	28 885	93.1	96.62	113.9
15	广 西	28 791	75.2	117.58	80.8
16	内蒙古	25 330	83.0	79.99	93.4
17	重 庆	20 308	79.4	43.44	85.2
18	湖 北	19 240	41.2	61.19	51.0
19	河 北	19 042	125.1	58.07	107.2
20	河 南	16 001	152.2	45.08	138.7
21	安 徽	14 069	68.7	50.10	78.4

22	吉　林	9 600	44.6	32.40	53.0
23	新　疆	9 108	87.5	31.69	85.8
24	海　南	8 160	2.6	30.86	5.2
25	山　西	8 123	124.0	29.58	154.9
26	贵　州	8 020	177.1	23.10	200.0
27	江　西	7 976	68.1	28.77	73.8
28	甘　肃	4 379	106.9	23.67	133.2
29	西　藏	3 660	93.6	9.58	87.4
30	青　海	912	92.8	2.89	63.0
31	宁　夏	171	103.6	0.70	130.9

五、主要城市入境旅游接待与收入情况

——2004 年，接待入境过夜游客人数超过 20 万人次的城市有深圳、广州、上海、北京、珠海、杭州、苏州、桂林、南京、西安、中山、厦门、天津、青岛、大连、无锡、泉州、昆明、重庆、成都、福州、黄山、宁波、武汉、沈阳等 25 个，与上年增加 2 个；另有汕头、长沙、哈尔滨、郑州、温州、承德、延边、秦皇岛、烟台、三亚、乌鲁木齐、威海、南通、济南、贵阳、海口等 16 个城市的接待人数超过 10 万人次。

——2004 年，接待外国过夜游客人数超过 10 万人次的城市有上海、北京、广州、深圳、杭州、苏州、天津、西安、南京、桂林、青岛、大连、重庆、厦门、无锡、昆明、珠海、成都、武汉、沈阳、黄山、宁波、福州、延边、秦皇岛、哈尔滨、长沙、承德、温州、烟台、乌鲁木齐、威海、三亚、郑州等 34 个，比上年增加 10 个。

——2004 年，国际旅游(外汇)收入超过 1 亿美元的城市有北京、上海、广州、深圳、杭州、珠海、南京、苏州、厦门、天津、大连、西安、泉州、青岛、福州、无锡、中山、重庆、桂林、宁波、沈阳、长沙、成都、昆明、武汉、烟台等 26 个，比上年增加 4 个；另有南通、哈尔滨、秦皇岛、温州、汕头、黄山、郑州、威海等 8 个城市的国际旅游(外汇)收入超过 5000 万美元。北京市的国际旅游(外汇)收入达 31.73 亿美元，居全国城市第一位。按外汇收入多少排列，26 个旅游创汇大市的具体情况是：

序号	城　市	国际旅游(外汇)收入（万美元）	增长（%）	接待入境旅游人数（万人次）	增长（%）
1	北京	317 343	66.7	315.50	70.4
2	上海	304 124	48.2	385.45	57.5
3	广州	189 665	16.9	437.15	20.6
4	深圳	178 672	37.3	559.76	28.6

5	杭州	59 734	41.5	123.40	43.3
6	珠海	56 258	21.8	193.24	83.3
7	南京	50 773	59.8	71.97	39.7
8	苏州	48 608	67.9	97.26	37.3
9	厦门	42 296	40.3	62.05	12.9
10	天津	41 253	25.2	61.59	26.0
11	大连	35 000	39.3	52.00	39.4
12	西安	33 003	125.5	65.03	93.2
13	泉州	32 702	8.6	50.08	26.8
14	青岛	29 182	61.6	52.25	52.4
15	福州	23 538	−1.5	33.08	4.4
16	无锡	20 746	30.4	50.44	28.2
17	中山	20 688	10.6	62.16	8.0
18	重庆	20 308	79.4	43.44	85.2
19	桂林	19 095	74.6	80.77	81.2
20	宁波	15 428	54.6	32.24	45.5
21	沈阳	14 342	29.2	27.28	48.1
22	长沙	14 180	494.8	18.77	287.1
23	成都	14 039	39.3	40.88	80.5
24	昆明	13 073	15.4	49.33	15.6
25	武汉	12 618	33.8	31.45	40.1
26	烟台	10 479	38.6	14.91	30.7

六、全国星级饭店的规模和经营情况

2004年，全国星级饭店的总体规模比上年有所扩大，平均客房出租率比上年也有所提高。

——到2004年末，全国共有星级饭店10888家，比上年末增加1137家，增长11.7%；客房123.79万间，增加24.50万间，增长24.7%；床位236.66万张，增加47.89万张，增长25.4%。

——到2004年末，全国星级饭店共拥有固定资产原值3227.37亿元，比上年末增长10.7%。

——2004年，全国星级饭店的全年平均客房出租率达60.62%，比上年提高4.48个百分点。

——2004年,全国10888家星级饭店营业收入总额1238.67亿元,比上年增长26.0%;上缴营业税71.07亿元,比上年增长43.5%;全员劳动生产率8.57万元/人,比上年上升17.7%。

——全国5482家国有星级饭店,2004年共实现营业收入518.62亿元;上缴营业税27.33亿元;全员劳动生产率6.99万元/人。

——全国外商和港澳台客商投资兴建的531家星级饭店,2004年共实现营业收入225.64亿元;上缴营业税12.22亿元;全员劳动生产率15.39万元/人。

——在10888家星级饭店中:五星级饭店242家,比上年末增加44家;四星级饭店971家,增加244家;三星级饭店3914家,增加748家;二星级饭店5096家,增加232家;一星级饭店665家,减少131家。

——2004年全国星级饭店规模及其经营情况,具体如下:

	饭店数（家）	客房数（万间）	床位数（万张）	营业收入（亿元）	客房出租率（%）
合　计	10888	123.79	236.66	1238.67	59.24
按经济类型划分					
国有经济	5482	63.01	126.38	518.62	59.24
集体经济	1007	9.72	18.39	90.03	57.92
股份合作企业	254	2.50	4.70	22.92	62.94
联营企业	80	1.00	1.77	9.01	62.13
有限责任公司	1547	18.50	35.13	206.06	63.99
股份有限公司	462	5.70	10.35	67.45	65.22
私营企业	1264	8.93	16.92	81.70	61.68
其他内资企业	261	2.44	4.43	17.23	58.04
港澳台商投资企业	341	7.88	11.76	133.53	67.83
外商投资企业	190	4.10	6.84	92.11	68.94
按规模划分					
客房数在500间以上	125	10.55	20.82	133.59	67.88
客房数在300～499间	389	14.29	24.52	203.43	65.11
客房数在200～299间	822	19.70	35.54	205.80	63.35
客房数在100～199间	3245	43.61	83.03	352.03	60.70
客房数在99间以下	6307	35.62	72.75	343.81	58.12
按饭店星级划分					
五星级	242	8.74	14.02	234.84	65.97

四星级	971	22.22	37.76	286.24	65.98
三星级	3914	49.54	94.17	447.60	61.57
二星级	5096	39.08	82.26	251.18	57.14
一星级	665	4.21	8.46	18.81	50.92

七、旅行社的规模和经营情况

——到2004年末,全国纳入统计范围的旅行社共有14927家,比上年末增加1566家。其中:国际旅行社1460家,比上年末增加96家;国内旅行社13467家,比上年末增加1470家。

——到2004年末,全国旅行社资产总额424.38亿元,比上年增长9.4%;各类旅行社共实现营业收入1017.82亿元,比上年增长55.9%;实际缴纳税金6.95亿元,比上年增长4.5%。

——2004年,全国国际旅行社共招徕入境游客834.80万人次、3502.43万人天,分别比上年增长59.7%和77.5%;经旅行社接待的入境游客为1412.96万人次、3548.12万人天,分别比上年增长57.6%和68.9%。

——2004年,全国旅行社共组织国内游客5730.72万人次、12324.87万人天,分别比上年增长57.3%和10.6%;经旅行社接待的国内游客为9635.94万人次、18165.08万人天,分别比上年增长55.8%和66.0%。

八、出境旅游情况

2004年,我国公民出国(境)旅游市场继续蓬勃发展,出国(境)人数有很大增长。

——2004年,我国公民出境人数达到2885.29万人次,比上年增长42.7%。其中:因公出境587.38万人次,比上年增长8.6%;因私出境2297.90万人次,比上年增长55.1%。出境第一站按人数排序,列前十位的国家和地区依次是:香港、澳门、日本、俄罗斯、越南、韩国、泰国、美国、新加坡、马来西亚。

——2004年,经旅行社组织出境旅游的总人数为558.60万人次,比上年增加171.59万人次,增长44.3%,其中:组织出国游263.59万人次,比上年增长52.6%;组织港澳游295.01万人次,比上年增长37.6%。另外共组织边境游89.07万人次,比上年增长66.5%。

——截至2004年底,已有61个国家成为我国公民出境旅游目的地。按市场正式启动的先后顺序,这61个国家分别是:泰国、新加坡、马来西亚、菲律宾、韩国、澳大利亚、新西兰、日本、越南、柬埔寨、缅甸、文莱、马耳他、印度尼西亚、土耳其、埃及、尼泊尔、德国、印度、马尔代夫、斯里兰卡、南非、克罗地亚、匈牙利、巴基斯坦、古巴、希腊、法国、荷兰、比利时、卢森堡、葡萄牙、西班牙、意大利、奥地利、芬兰、瑞典、捷克、爱沙尼亚、拉脱维亚、立陶宛、波兰、斯洛文尼亚、斯洛伐克、塞浦路斯、丹麦、冰岛、爱尔兰、挪威、罗马尼亚、瑞士、列支敦士登、埃塞俄比亚、津巴布韦、坦桑尼亚、毛里求斯、突尼斯、塞舌尔、肯尼亚、赞比亚和约旦。

——2004年,我国内地居民首站赴香港的旅游人数为1300.16万人次,比上年增长39.7%;赴澳门749.05万人次,增长56.4%;赴泰国68.25万人次,增长29.3%;赴新加坡42.93万人次,增长63.8%;赴马来西亚33.72万人次,增长38.1%;赴菲律宾10.22万人次,增长40.1%;赴韩国69.70万人次,增长24.7%;赴澳大利亚27.41万人次,增长38.7%;赴新西兰6.18万人次,增长4.1%;赴日本102.13万人次,增长26.9%;赴越南78.57万人次,增长29.5%;赴柬埔寨3.28万人次,增长23.6%;赴缅甸24.99万人次,增长235.5%;赴文莱0.21万人次,增长71.6%;赴马耳他0.20万人次,增长64.3%;赴土耳其1.15万人次,增长29.0%;赴埃及1.03万人次,增长63.4%;赴尼泊尔1.26万人次,下降49.4%;赴德国22.29万人次,增长34.9%;赴印度2.36万人次,增长75.6%;赴马尔代夫0.57万人次,增长399.1%;赴斯里兰卡0.27万人次,增长9.8%;赴南非3.52万人次,增长38.6%;赴克罗地亚0.04万人次,下降7.8%;赴匈牙利0.98万人次,增长98.6%;赴巴基斯坦2.28万人次,增长45.5%,赴古巴0.19万人次,增长27.5%。

九、旅游教育培训情况

——到2004年末,全国共有高等旅游院校及开设旅游系(专业)的普通高等院校574所,比上年增加80所,在校学生27.47万人,比上年增加7.50万人;中等职业学校739所,比上年增加26所,在校学生30.39万人,比上年增加4.46万人。两项合计,旅游院校总数为1313所,在校学生为57.86万人。

——2004年,全行业在职人员培训总量达244.85万人次,比上年增加51.89万人次,增长26.9%。

Statistics Report on China's Tourism Industry in 2004

China National Tourism Administration

November 10, 2005

In 2004, China's tourism recovered thoroughly and developed vigorously. The total visitor arrivals reached 109.0382 million person – times, and the foreign exchange income generated from the international tourism registered US $25.739 billion, increasing by 19.0 percent and 47.9 percent respectively over the previous year. China's domestic tourism numbered 1.102 billion person – times, and the income generated totaled 471.071 billion Chinese RMB yuan, increasing by 26.6 percent and 36.9 percent respectively over the previous year. The outbound travel by Chinese citizens reached 28.8529 million person – times, with an increase of 42.7 percent over the previous year. The total income of China's tourism industry amounted to 684.0 billion Chinese RMB yuan, increasing by 40.1 percent over the previous year. The total income of China's tourism industry is equivalent to 5.01 percent of the country's GDP of the year, with an increase of 0.83 percent over the percentage of the previous year.

1. Inbound Tourism

In 2004, China's inbound tourism not only recovered fully to the best record in history, but made a break through progress, that is, the number of inbound visitor arrivals was over 100 million person – times for the first time.

——The total number of overseas arrivals was China was 109.0382 million person – times, a 19.0 percent increase over the previous year and a 11.4 percent increase over 2002, in which 16.9325 million person – times were made by foreigners, a 48.5 percent increase over the previous year and a 26.0 percent increase over 2002; 66.5389 million by compatriots from Hong Kong SAR, a 13.2 percent increase over the previous year and a 7.5 percent increase over 2002; 21.8816 million by compatriots from Macao SAR, a 16.7 percent increase over the previous year and a 15.6 percent increase over 2002; and 3.6853 million by compatriots from Taiwan Province, a 34.9 percent increase over the previous year and a 0.7 percent increase over 2002.

——The total number of overnight visitors to China was 41.7614 million, a 26.7 percent increase over the previous year and a 13.5 percent increase over 2002. Of the total overnight visitors 13.6599 million were foreigners, a 53.7 percent increase over the previous year and a 27.5 percent increase over 2002; 24.8891 million were compatriots from Hong Kong SAR and Macao SAR, increasing by 14.7 percent over the previous year and 8.7 percent over 2002, and 3.2124 million were compatriots from Taiwan Province, a 35.1 percent increase over the previous year and a 0.6 percent increase over 2002.

——The total of China's international tourism receipts amounted to US $25.739 billion, an increase of 47.9 percent over the previous year and a 26.3 percent increase over 2002.

2. Domestic Tourism

In 2004, the number of China's domestic visitors was over 1 billion person-times for the first time, and the income of domestic tourism also increased sharply.

——The number of domestic visitors totaled 1.102 billion, an increase of 26.6 percent over the previous year, in which 459 million were urban residents and 643 million were rural residents.

——The total income of domestic tourism amounted to 471.071 billion yuan, an increase of 36.9 percent over the previous year, in which 335.904 billion yuan were spent by urban residents and 135.167 billion yuan were spent by rural residents.

——The average domestic tourism expenditure per capita was 427.5 yuan, a 8.0 percent increase over the previous year, of which the average expenditure by urban residents was 731.8 yuan per person and the average spending by rural residents was 210.2 yuan.

——The domestic tourists totaled 268 million and the domestic income reached 107.7 billion yuan during three "Golden Weeks" of the Chinese Spring Festival, Labor Day and National Day.

3. Scale of Tourism Industry and Number of Employees

(1) Foreign Market

In 2004, the inbound tourism market recovered. The growth rate of the foreigner's arrivals to China reached 50 percent or so over the previous year and double digits over 2002. The yearly foreign visitor arrivals totaled 16.9325 million person-times, an increase of 48.5 percent over the previous year and 26.0 percent over 2002.

—— Asian market recovered very well. The total visitor arrivals from Asian countries increased by 47.8 percent over the previous year and 24.2 percent over 2002, representing 63.4 percent of total inbound foreign arrivals to China. The market share of foreign arrivals was 0.3 percentage points lower than the previous year. The markets of Japan, the Republic of Korea, the Democratic People's Republic of Korea, Thailand, Singapore, Indonesia, Malaysia, India, Sri Lanka and Kazakhstan increased by more than 50 percent over the previous year, and Mongolia, the Philippines and Kyrgyzstan increased over 20 percent.

—— Cross-continental market developed rapidly, and the market share of visitor arrivals to China increased over the previous year. Visitor arrivals from Europe, Americas, Oceania and Africa increased by 45.4 percent, 58.0 percent, 50.7 percent and 66.4 percent respectively over the previous year, and by 33.6 percent, 18.5 percent, 27.8 percent and 76.0 percent respectively over 2002. All the major visitor generating countries increased by double digits over the previous year, in particular, the markets of Britain, Germany, France, Russia, the United States, Canada and Australia increased by 45.0 percent, 64.5 percent, 80.1 percent, 29.8 percent, 59.1 percent, 51.1 percent and 53.3 percent respectively.

—— In 2004, foreign tourists had an average length of stay of 6.3 nights. And daily expenditure per capita totaled US $171.06.

The arrivals breakdown from the top 16 visitor generating countries to China in 2004 was shown in the following table.

Rank	Country	Arrivals (thousand)	Change over 2003 (%)	Change over 2002 (%)
1.	Japan	3 334.3	47.9	14.0
2.	ROK	2 844.9	46.2	33.9
3.	Russia	1 792.2	29.8	40.9
4.	U.S.A.	1 308.6	59.1	16.7
5.	Malaysia	741.9	72.5	25.2
6.	Singapore	636.8	68.4	28.1
7.	Mongolia	553.8	32.4	22.2
8.	Philippines	549.4	20.0	8.0
9.	Thailand	464.2	68.5	20.2
10.	Britain	418.1	45.0	21.9
11.	Australia	376.3	53.3	29.2
12.	Germany	365.3	64.6	29.6
13.	Indonesia	349.8	50.9	27.3
14.	Canada	348.0	51.1	19.5
15.	India	309.4	41.2	44.8
16.	France	281.1	80.1	26.5

(2) Hong Kong, Macao and Taiwan Regional Market

In 2004, Hong Kong, Macao and Taiwan Regional Market grew fast as main parts of Mainland China's inbound tourism . The total visitor arrivals showed a double－digit growth over the previous year.

——In 2004, the arrivals from Hong Kong SAR reached 66.5389 million, increasing by 13.2 percent over the previous year and 7.5 percent over 2002. Among these arrivals, 21.3267 million were overnight visitors, an increase of 14.3 percent over the previous year, accounting for 32.1 percent of the total. 45.2121 million were same－day visitors, an increase of 12.7 percent, accounting for 67.9 percent of the total.

——In 2004, the arrivals from Macao SAR surpassed 20 million for the first time. The total number was 21.8816 million, increasing by 16.7 percent over the previous year and 15.6 percent over 2002, among which 3.5624 million were overnight visitors, increasing by 16.9 percent over the previous year, accounting for 16.3 percent and 18.3192 million were same－day visitors, increasing by 16.6 percent, accounting for 83.7 percent of the total.

——In 2004, visitor arrivals from Taiwan Province were 3.6853 million, increasing by 34.9 percent over the previous year and 0.7 percent over 2002.

4. Inbound Tourist Arrivals and Receipts by Provinces, Autonomous Regions and Municipalities

——In 2004, inbound tourists received by all the provinces, autonomous regions and municipalities totaled 43.9371 million, increasing by 45.6 percent over the previous year. There were 24 provinces, autonomous regions and municipalities receiving more than 300 thousand visitors. They were Guangdong, Shanghai, Beijing, Jiangsu, Zhejiang, Fujian, Shandong, Guangxi, Yunnan, Liaoning, Sichuan, Shaanxi, Inner Mongolia, Heilongjiang, Tianjin, Hubei, Hebei, Hunan, Anhui, Henan, Chongqing, Jilin, Xinjiang and Hainan. Guangdong Province continued to rank the first among the nation with 15.6365 million overseas tourists received.

——In 2004, the number of foreign tourist arrivals was 24.4192 million, with an increase of 62.1 percent over the previous year. There were 23 provinces, autonomous regions and municipalities receiving more than 200 thousand foreign tourists. They were Guangdong, Shanghai, Beijing, Jiangsu, Zhejiang, Shandong, Liaoning, Inner Mongolia, Yunnan, Guangxi, Heilongjiang, Fujian, Shaanxi, Tianjin, Sichuan, Hebei, Hubei, Hunan, Chongqing, Anhui, Jilin, Xinjiang and Henan. Guangdong ranked the first on the list, with 3.7768 million foreign tourists received.

——In 2004, there were 21 provinces, autonomous regions and municipalities, generating more than US $ 100 million receipts from international tourism. The number of provinces, autonomous regions and municipalities was four more than that of the previous year. They were Guangdong, Beijing, Shanghai, Jiangsu, Zhejiang, Fujian, Liaoning, Shandong, Yunnan, Tianjin, Shaanxi, Hunan, Heilongjiang, Sichuan, Guangxi, Inner Mongolia, Chongqing, Hubei, Hebei, Henan and Anhui. Guangdong Province, with total annual foreign exchange receipts of US $ 5.378 billion, continued to be on the top of the table that is listed according to the amount of foreign exchange receipts.

The international receipts of the 31 provinces, autonomous regions and municipalities are shown in the following table:

Rank	Region	International Receipts (US$ million)	Tourism Receipts Change (%)	Inbound Arrivals (million)	Tourists Change (%)
1.	Guangdong	5 378.21	26.0	15.6365	30.6
2.	Beijing	3 173.43	66.7	3.1550	70.4
3.	Shanghai	3 041.24	48.2	3.8545	57.5
4.	Jiangsu	1 763.44	55.8	3.0657	37.4
5.	Zhejiang	1 300.47	49.1	2.7667	53.0
6.	Fujian	1 065.07	16.4	1.7290	15.5
7.	Liaoning	612.81	35.0	1.0808	38.8
8.	Shandong	566.55	53.1	1.1931	53.6
9.	Yunnan	422.45	24.2	1.1010	10.1
10.	Tianjin	412.53	25.2	0.6159	26.0

11.	Shaanxi	361.36	82.1	0.8002	71.8
12.	Hunan	313.08	584.0	0.5534	259.5
13.	Helongjiang	302.15	24.0	0.7328	24.8
14.	Sichuan	288.85	93.1	0.9662	113.9
15.	Guangxi	287.91	75.2	1.1758	80.8
16.	Inner Mongolia	253.30	83.0	0.7999	93.4
17.	Chongqing	203.08	79.4	0.4344	85.2
18.	Hubei	192.40	41.2	0.6119	51.0
19.	Hebei	190.42	125.1	0.5807	107.2
20.	Henan	160.01	152.2	0.4508	138.7
21.	Anhui	140.69	68.7	0.5010	78.4
22.	Jilin	96.00	44.6	0.3240	53.0
23.	Xinjiang	91.08	87.5	0.3169	85.8
24.	Hainan	81.60	2.6	0.3086	5.2
25.	Shanxi	81.23	124.0	0.2958	154.9
26.	Guizhou	80.20	177.1	0.2310	200.0
27.	Jiangxi	79.76	68.1	0.2877	73.8
28.	Gansu	43.79	106.9	0.2367	133.2
29.	Tibet	36.60	93.6	0.0958	87.4
30.	Qinghai	9.12	92.8	0.0289	63.0
31.	Ningxia	1.71	103.6	0.0070	130.9

5. Inbound Tourists Arrivals and Receipts in Major Cities

——In 2004, there were 25 cities receiving more than 200 thousand inbound tourists. They were Shenzhen, Guangzhou, Shanghai, Beijing, Zhuhai, Hangzhou, Suzhou, Guilin, Nanjing, Xi' an, Zhongshan, Xiamen, Tianjin, Qingdao, Dalian, Wuxi, Quanzhou, Kunming, Chongqing, Chengdu, Fuzhou, Huangshan, Ningbo, Wuhan and Shenyang, two cities more than last year. In addition, another 16 cities including Shantou, Changsha, Harbin, Zhengzhou, Wenzhou, Chengde, Yanbian, Qinhuangdao, Yantai, Sanya, Urumqi, Weihai, Nantong, Jinan, Guiyang and Haikou received more than 100 thousand inbound tourists.

——In 2004, there were 34 cities receiving more than 100 thousand foreign tourists, 10 cities more than that of the previous year. They were Shanghai, Beijing, Guangzhou, Shenzhen, Hangzhou, Suzhou, Tianjin, Xi'an, Nanjing, Guilin, Qingdao, Dalian, Chongqing, Xiamen, Wuxi, Kunming, Zhuhai, Chengdu, Wuhan, Shenyang, Huangshan, Ningbo, Fuzhou, Yanbian, Qinhuangdao, Harbin, Changsha, Chengde, Wenzhou, Yantai, Urumqi, Weihai, Sanya and Zhengzhou.

——In 2004, there were 26 cities earning more than US $ 100 million from international tourism, with 4 cities more than the previous year. They were Beijing, Shanghai, Guangzhou, Shenzhen, Hangzhou, Zhuhai, Nanjing, Suzhou, Xiamen, Tianjin, Dalian, Xi'an, Quanzhou, Qingdao, Fuzhou, Wuxi, Zhongshan, Chongqing, Guilin, Ningbo, Shenyang, Changsha, Chengdu, Kunming, Wuhai and Yantai. In addition, 8 other cities generated more than US $ 50 million receipts from international tourism. They are Nantong, Harbin, Qinhuangdao, Wenzhou, Shantou, Huangshan, Zhengzhou and Weihai. Beijing ranked on the first of the list nationwide with US $ 3.173 billion. The details of the first 26 cities in terms of foreign receipts are shown as follows:

Rank	Region	International Receipts (US $ million)	Tourism Receipts Change (%)	Inbound Arrivals (million)	Tourists Change (%)
1.	Beijing	3 173.43	66.7	3.1550	70.4
2.	Shanghai	3 041.24	48.2	3.8545	57.5
3.	Guangzhou	1 896.65	16.9	4.3715	20.6
4.	Shenzhen	1 786.72	37.3	5.5976	28.6
5.	Hangzhou	597.34	41.5	1.2340	43.3
6.	Zhuhai	562.58	21.8	1.9324	83.3
7.	Nanjing	507.73	59.8	0.7197	39.7
8.	Suzhou	486.08	67.9	0.9726	37.3
9.	Xiamen	422.96	40.3	0.6205	12.9
10.	Tianjin	412.53	25.2	0.6159	26.0
11.	Dalian	350.00	39.3	0.5200	39.4
12.	Xi'an	330.03	125.5	0.6503	93.2
13.	Quanzhou	327.02	8.6	0.5008	26.8
14.	Qingdao	291.82	61.6	0.5225	52.4
15.	Fuzhou	235.38	-1.5	0.3308	4.4
16.	Wuxi	207.46	30.4	0.5044	28.2
17.	Zhongshan	206.88	10.6	0.6216	8.0
18.	Chongqing	203.08	79.4	0.4344	85.2
19.	Guilin	190.95	74.6	0.8077	81.2
20.	Ningbo	151.28	51.6	0.3224	45.5
21.	Shenyang	143.42	29.2	0.2728	48.1
22.	Changsha	141.80	494.8	0.1877	287.1
23.	Chengdu	140.39	39.3	0.4088	80.5
24.	Kunming	130.73	15.4	0.4933	15.6
25.	Wuhan	126.18	33.8	0.3145	40.1
26.	Yantai	104.79	38.6	0.1491	30.7

6. Scale and Business of Star-rated Hotels in China

In 2004, the overall scale of China's star-rated hotels augmented. The average occupancy rate increased over the previous year.

——By the end of 2004, there were a total of 10,888 Star-rated Hotels in China, 1,137 more than in 2003, increasing by 11.7 percent over the previous year. The total number of rooms was 1237.9 thousand, increasing 245.0 thousand with an increase of 24.7 percent. The total number of beds reached 2.3666 million at the growth rate of 25.4 percent, with 478.9 thousand beds more than the previous year.

——By the end of 2004, the original value of fixed assets owned by star – rated hotels amounted to 322.737 billion yuan, increasing by 10.7 percent over the previous year.

——In 2004, the average occupancy rate of star – rated hotels was 60.62 percent, 4.48 percentage points higher than the previous year.

——In 2004, the total business income of 10,888 star – rated hotels amounted to 123.867 billion yuan, with an increase of 26.0 percent over the previous year. The business tax was 7.107 billion yuan, with an increase of 43.5 percent over the previous year. The productivity was 85.7 thousand yuan per capita, 17.7 percent higher than the previous year.

——There were a total of 5,482 state – owned star – rated hotels in China. In 2004, their total business income amounted to 51.862 billion yuan and the paid business tax reached 2.733 billion yuan, and the productivity was 69.9 thousand yuan per capita.

——There were 531 star – rated hotels in China built by capital and investment from foreign countries and Hong Kong, Macao and Taiwan regions. In 2004, their total business income reached 22.564 billion yuan and their paid business tax was 1.222 billion yuan, and the productivity was 153.9 thousand yuan per capita.

——Of the total 10,888 star – rated hotels in China, there were 242 five – star hotels, with 44 more; 971 four – star hotels, with 244 more; 3,914 three – star hotels, with 748 more; 5,096 two – star hotels, with 232 more, and 665 one – star hotels, with 131 less than the previous year.

——The scale and business of all the star – rated hotels nationwide in 2004 were listed as follows:

	Number of Hotels	Number of Rooms (thousand)	Number of Beds (thousand)	Revenue (billion)	Occupancy (%)
Total	10 888	1237.9	2366.6	123.867	60.62
by ownership status					
State – owned Economy	5 482	630.1	1263.8	51.862	59.24
Collective Economy	1 007	97.2	183.9	9.003	57.92
Co – operative Co.	254	25.0	47.0	2.292	62.94
Affiliated Co.	80	10.0	17.7	0.901	62.13
Ltd Liability Co.	1 547	185.0	351.3	20.606	63.99
Corporation	462	57.0	103.5	6.745	65.22
Proprietary Co.	1 264	89.3	169.2	8.170	61.68
Other domestic – funded Co.	261	24.4	44.3	1.723	58.04
Companies invested by HK, Macao, Taiwan	341	78.8	117.6	13.353	67.83
Foreign – invested Co.	190	41.0	68.4	9.211	68.94
by scale of room numbers					
over 500	125	105.5	208.2	13.359	67.88
300 – 499	389	142.9	245.2	20.343	65.11
200 – 299	822	197.0	355.4	20.580	63.35
100 – 199	3 245	436.1	830.3	35.203	60.70
less than 99	6 307	356.2	727.5	34.381	58.12

by star - rating					
5 - star	242	87.4	140.2	23.484	65.97
4 - star	971	222.2	377.6	28.624	65.98
3 - star	3 914	495.4	941.7	44.760	61.57
2 - star	5 096	390.8	822.6	25.118	57.14
1 - star	665	42.1	84.6	1.881	50.92

7. Scale and Business of Travel Agencies

——By the end of 2004, there were 14,927 travel agencies in China, 1,566 more than in 2003. Of the total, there were 1,460 international travel agencies, 96 more than the previous year, and 13,467 domestic travel agencies, 1,470 more than in 2003.

——By the end of 2004, the total assets owned by travel agencies nationwide amounted to 42.438 billion yuan, increasing by 9.4% over the previous year. The business income was 101.782 billion yuan, 55.9 percent more than the previous year, and the business tax was 695 million yuan, 4.5 percent more than the previous year.

——In 2004, the total arrivals of tourists received by all the international travel agencies were 8.3480 million and the total number of person/nights were 35.0243 million, 59.7 percent and 77.5 percent higher than the previous year. The total number of inbound tourists received by travel agencies was 14.1296 million and the total number of person/nights was 35.4812 million, 57.6 percent and 68.9 percent higher than the previous year.

——In 2004, the total number of overnight domestic tourists organized by travel agencies was 57.3072 million, namely 123.2487 million person/nights, 57.3 percent and 10.6 percent higher than the previous year. The number of domestic tourists received by travel agencies was 96.3594 million, namely 181.6508 million person/nights, 55.8 percent and 66.0 percent more than the previous year.

8. Outbound Travel

In 2004, the market of outbound travel in China continued to develop with great increase in number of outbound visitors.

——In 2004, the total number of Chinese outbound visitors reached 28.8529 million, increasing by 42.7 percent over the previous year. Of the total, 5.8738 million Chinese nationals traveled abroad for public affairs, 8.6 percent more than the previous year, and 22.9790 million for private purpose, 55.1 percent more than the previous year. The top ten first stop destinations for the Chinese nationals were Hong Kong SAR, Macao SAR, Japan, Russia, Viet Nam, ROK, Thailand, U.S.A., Singapore and Malaysia.

——In 2004, the total number of Chinese nationals traveling abroad organized by travel agencies was 5.5860 million, 1.7159 million more than the previous year, with 44.3 percentage points increase. Of the total, 2.6359 million visitors went to foreign countries, 52.6 percent more than the previous year; and 2.9501 million to Hong Kong SAR and Macao SAR, an increase of 37.6 percent. In addition, 890.7 thousand made border - crossing travel, increasing by 66.5 percent over the previous year.

——By the end of 2004, besides the two regions of Hong Kong SAR and Macao SAR, 61 countries have been granted with Approved Destination Status (ADS). They are Thailand, Singapore, Malaysia, the Philippines, ROK, Australia, New Zealand, Japan, Vietnam, Cambodia, Myanmar, Brunei, Malta, Indonesia, Turkey, Egypt, Nepal, Germany, India, Maldives, Sri Lanka, South Africa, Croatia, Hungary, Pakistan, Cuba, Greece, France, the Netherlands, Belgium, Luxembourg, Portugal, Spain, Italy, Austria, Finland, Sweden, Czech, Estonia, Latvia, Lithuania, Poland, Slovenia, Slovak, Cyprus, Denmark, Iceland, Ireland, Norway, Romania, Switzerland, Liechtenstein, Ethiopia, Zimbabwe, Tanzania, Mauritius, Tunisia, Seychelles, Kenya, Zambia and Jordan.

——In 2004, the numbers of outbound travel made by Chinese Mainland citizens to the approved destinations in terms of first stop are as follows: 13.0016 million visited Hong Kong SAR, with an increase of 39.7 percent over the previous year; 7.4905 million visited Macao SAR, with an increase of 56.4 percent; 682.5 thousand visited Thailand, with an increase of 29.3 percent; 429.3 thousand visited Singapore, with an increase of 63.8 percent; 337.2 thousand visited Malaysia, with an increase of 38.1 percent; 102.2 thousand visited the Philippines, with an increase of 40.1 percent; 697.0 thousand visited ROK, with an increase of 24.7 percent; 274.1 thousand visited Australia, with an increase of 38.7 percent; 61.8 thousand visited New Zealand, with an increase of 4.1 percent; 1021.3 thousand visited Japan, with an increase of 26.9 percent; 785.7 thousand visited Vietnam, with an increase of 29.5 percent; 32.8 thousand visited Cambodia, with an increase of 23.6 percent; 249.9 thousand visited Myanmar, with an increase of 235.5 percent; 2.1 thousand visited Brunei, with an increase of 71.6 percent; 2.0 thousand visited Malta, with an increase of 64.3 percent; 11.5 thousand visited Turkey, with an increase of 29.0 percent; 10.3 thousand visited Egypt, with an increase of 63.4 percent; 12.9 thousand visited Nepal, with a decrease of 49.4 percent; 222.9 thousand visited Germany, with an increase of 34.9 percent; 23.6 thousand visited India, with an increase of 75.6 percent; 5.7 thousand visited Maldives, with an increase of 399.1 percent; 2.7 thousand visited Sri Lanka, with an increase of 9.8 percent; 35.2 thousand visited South Africa, with an increase of 38.6 percent; 0.4 thousand visited Croatia, with a decrease of 7.8 percent; 9.8 thousand visited Hungary, with an increase of 98.6 percent; 22.8 thousand visited Pakistan, with an increase of 45.5 percent; 1.9 thousand visited Cuba, with an increase of 27.5 percent.

9. Education and Training in Tourism Industry

——By the end of 2004, there were 574 higher learning institutes and colleges with travel and tourism departments, 80 more than that in 2003. And the number of enrolled students was 274.7 thousand, 75.0 thousand more than that in previous year. There were 713 medium-level professional schools, 26 schools more than the previous year, with 303.9 thousand enrolled students, 44.6 thousand more than that in the previous year. In total, there were 1,313 tourism institutes and schools with an enrollment of 578.6 thousand students.

——In 2004, 2.4485 million employees participated in training programs, 518.9 thousand more than that in previous year, with a 26.9 percent increase.

一、入境旅游人数

1. INTERNATIONAL VISITOR ARRIVALS TO CHINA

1－1　1978～2004年中国入境过夜旅游者人数和国际旅游（外汇）收入的世界排名

RANK OF CHINA'S TOURIST ARRIVALS & TOURISM RECEIPTS IN THE WORLD 1978—2004

年　份 YEAR	过夜旅游者人数（万人次） TOURIST ARRIVALS（TEN THOUS.）	世界排名 RANK	国际旅游（外汇）收入（亿美元） TOURISM RECEIPTS（100Mn.US$）	世界排名 RANK
1978	71.60	—	2.63	—
1979	152.90	—	4.49	—
1980	350.00	18	6.17	34
1981	376.70	17	7.85	34
1982	392.40	16	8.43	29
1983	379.10	16	9.41	26
1984	514.10	14	11.31	21
1985	713.30	13	12.50	21
1986	900.10	12	15.31	22
1987	1 076.00	12	18.62	26
1988	1 236.10	10	22.47	26
1989	936.10	12	18.60	27
1990	1 048.40	11	22.18	25
1991	1 246.40	12	28.45	21
1992	1 651.20	9	39.47	17
1993	1 898.20	7	46.83	15
1994	2 107.00	6	73.23	10
1995	2 003.40	8	87.33	10
1996	2 276.50	6	102.00	9
1997	2 377.00	6	120.74	8
1998	2 507.29	6	126.02	7
1999	2 704.66	5	140.99	7
2000	3 122.88	5	162.24	7
2001	3 316.67	5	177.92	5
2002	3 680.26	5	203.85	5
2003	3 297.05	5	174.06	7
2004	4 176.14	4	257.39	7

资料来源：世界旅游组织

SOURCE：WORLD TOURISM ORGANIZATION

1－2　1978～2004年入境旅游人数

ANNUAL VISITOR ARRIVALS 1978—2004

单　位:人
UNIT:PERSON

年份 YEAR	总计 TOTAL	外国人 FOREIGN-ERS	华侨 OVERSEAS CHINESE	港澳台同胞 * COMPA-TRIOTS	#台湾同胞 TAIWAN PROVINCE
1978	1 809 221	229 646	18 092	1 561 483	
1979	4 203 901	362 389	20 910	3 820 602	
1980	5 702 536	529 124	34 413	5 138 999	
1981	7 767 096	675 153	38 856	7 053 087	
1982	7 924 261	764 497	42 745	7 117 019	
1983	9 477 005	872 511	40 352	8 564 142	
1984	12 852 185	1 134 267	47 498	11 670 420	
1985	17 833 097	1 370 462	84 827	16 377 808	
1986	22 819 450	1 482 276	68 133	21 269 041	
1987	26 902 267	1 727 821	87 031	25 087 415	
1988	31 694 804	1 842 206	79 348	29 773 250	437 700
1989	24 501 394	1 460 970	68 556	22 971 868	541 000
1990	27 461 821	1 747 315	91 090	25 623 416	948 000
1991	33 349 757	2 710 103	133 427	30 506 227	946 632
1992	38 114 945	4 006 427	165 077	33 943 441	1 317 770
1993	41 526 945	4 655 857	166 182	36 704 906	1 526 969
1994	43 684 456	5 182 060	115 245	38 387 151	1 390 215
1995	46 386 511	5 886 716	115 818	40 383 977	1 532 309
1996	51 127 516	6 744 334	154 601	44 228 581	1 733 897
1997	57 587 923	7 428 006	99 004	50 060 913	2 117 576
1998	63 478 401	7 107 747	120 704	56 249 950	2 174 602
1999	72 795 594	8 432 296	108 141	64 255 157	2 584 648
2000	83 443 881	10 160 432	75 487	73 207 962	3 108 643
2001	89 012 924	11 226 384	—	77 786 540	3 441 961
2002	97 908 252	13 439 497	—	84 468 755	3 660 565
2003	91 662 082	11 402 855	—	80 259 227	2 731 897
2004	109 038 218	16 932 506	—	92 105 712	3 685 250

资料来源:公安部

SOURCE:MINISTRY OF PUBLIC SECURITY

NOTE: * COMPATRIOTS FROM HONG KONG,MACAO AND TAIWAN PROVINCE.

1－3　2004年各月入境旅游人数
MONTHLY VISITOR ARRIVALS 2004

单　位:人
UNIT:PERSON

月　份 MONTH	总　计 TOTAL	外国人 FOREI－GNERS	香港同胞 HONG KONG SAR	澳门同胞 MACAO SAR	台湾同胞 TAIWAN PROVINCE
全　年 WHOLE YEAR	**109 038 218**	**16 932 506**	**66 538 862**	**21 881 600**	**3 685 250**
一　月　JAN.	8 087 331	946 692	5 202 547	1 685 783	252 309
二　月　FEB.	7 533 036	1 102 230	4 657 898	1 520 095	252 813
三　月　MAR.	8 551 595	1 244 938	5 407 441	1 615 300	283 916
四　月　APR.	9 547 120	1 449 988	6 054 264	1 719 987	322 881
五　月　MAY	8 774 739	1 341 497	5 395 462	1 766 106	271 674
六　月　JUNE	8 933 866	1 385 288	5 407 913	1 827 523	313 142
七　月　JULY	9 590 325	1 446 195	5 853 085	1 935 789	355 256
八　月　AUG.	9 715 565	1 594 483	5 834 661	1 947 237	339 184
九　月　SEP.	9 174 465	1 537 592	5 483 673	1 831 498	321 702
十　月　OCT.	9 881 833	1 791 537	5 733 648	1 982 212	374 436
十一月　NOV.	9 352 078	1 656 420	5 529 847	1 860 938	304 873
十二月　DEC.	9 896 265	1 435 646	5 978 423	2 189 132	293 064

资料来源:公安部
SOURCE:MINISTRY OF PUBLIC SECURITY

1-4 2004年各月入境旅游人数(按入境方式分)

MONTHLY VISITOR ARRIVALS BY MODE OF TRANSPORT 2004

单 位:人
UNIT:PERSON

月 份 MONTH	总 计 TOTAL	船舶 SEA	飞机 AIR	火车 RAIL	汽车 MOTOR	徒步 FOOT
全 年 WHOLE YEAR	**109 038 218**	**4 727 263**	**12 617 244**	**1 469 925**	**29 023 528**	**61 200 258**
一 月 JAN.	8 087 331	362 598	757 209	91 749	2 003 769	4 872 006
二 月 FEB.	7 533 036	306 587	795 086	94 286	2 042 608	4 294 469
三 月 MAR.	8 551 595	345 140	926 549	113 658	2 352 915	4 813 333
四 月 APR.	9 547 120	465 551	1 090 797	145 569	2 494 304	5 350 899
五 月 MAY	8 774 739	360 952	973 674	116 697	2 403 784	4 919 632
六 月 JUNE	8 933 866	376 167	1 025 620	118 084	2 446 213	4 967 782
七 月 JULY	9 590 325	403 980	1 118 431	129 665	2 595 502	5 342 747
八 月 AUG.	9 715 565	441 758	1 209 326	133 330	2 568 334	5 362 817
九 月 SEP.	9 174 465	388 758	1 175 287	122 934	2 420 599	5 066 887
十 月 OCT.	9 881 833	441 421	1 359 231	146 909	2 553 792	5 380 480
十一月 NOV.	9 352 078	409 990	1 174 642	129 912	2 540 174	5 097 360
十二月 DEC.	9 896 265	424 361	1 011 392	127 132	2 601 534	5 731 846

资料来源:公安部
SOURCE:MINISTRY OF PUBLIC SECURITY

1-5　2003～2004年主要客源国入境旅游人数
FOREIGN VISITOR ARRIVALS FROM THE MAIN GENERATING COUNTRIES 2003—2004

单　位:人
UNIT:PERSON

国　籍 NATIONALITY		2004年 2004	2003年 2003	2004年比2003年增长(%) GROWTH (%)
总　计	**TOTAL**	**16 932 506**	**11 402 855**	**48.5**
其　中	OF WHICH			
日　本	JAPAN	3 334 255	2 254 800	47.9
韩　国	KOREA	2 844 862	1 945 484	46.2
俄罗斯	RUSSIA	1 792 193	1 380 650	29.8
美　国	U.S.A	1 308 627	822 511	59.1
马来西亚	MALAYSIA	741 909	430 137	72.5
新加坡	SINGAPORE	636 826	378 074	68.4
蒙　古	MONGOLIA	553 767	418 257	32.4
菲律宾	PHILIPPINES	549 390	457 725	20.0
泰　国	THAILAND	464 179	275 429	68.5
英　国	U.K.	418 148	288 326	45.0
澳大利亚	AUSTRALIA	376 308	245 417	53.3
德　国	GERMANY	365 329	222 022	64.5
印度尼西亚	INDONESIA	349 832	231 838	50.9
加拿大	CANADA	348 046	230 326	51.1
印　度	INDIA	309 411	219 097	41.2
法　国	FRANCE	281 108	156 063	80.1
越　南	VIETNAM	169 742	130 412	30.2
哈萨克斯坦	KAZAKHSTAN	162 467	89 661	81.2
意大利	ITALY	122 377	65 834	85.9
荷　兰	NETHERLANDS	117 359	67 921	72.8
朝　鲜	KOREA,D.P.REP.	112 052	77 140	45.3
瑞　典	SWEDEN	87 174	50 043	74.2
巴基斯坦	PAKISTAN	78 792	76 001	3.7
新西兰	NEW ZEALAND	64 567	43 428	48.7
西班牙	SPAIN	62 115	29 664	109.4
丹　麦	DANMARK	55 987	32 024	74.8
缅　甸	MYNMAR	54 332	44 360	22.5
乌克兰	UKRAINE	48 293	37 835	27.6
芬　兰	FINLAND	45 188	26 385	71.3
奥地利	AUSTRIA	43 803	24 626	77.9
以色列	ISRAEL	41 701	22 276	87.2
孟加拉国	BANGLADESH	40 933	24 839	64.8
瑞　士	SWITZERLAND	40 724	23 702	71.8
比利时	BELGIUM	40 533	24 118	68.1

1－6 2004年各月入境外国

MONTHLY FOREIGN VISITOR

国籍 NATIONALITY		一月 JAN.	二月 FEB.	三月 MAR.	四月 APR.	五月 MAY	六月 JUNE
总计	**TOTAL**	**946 692**	**1 102 230**	**1 244 938**	**1 449 988**	**1 341 497**	**1 385 288**
亚洲	**ASIA**	**627 173**	**699 956**	**765 206**	**910 618**	**830 129**	**859 048**
日本	JAPAN	194 603	221 674	241 241	242 447	266 207	269 628
韩国	KOREA	186 246	215 373	190 382	223 062	202 592	227 553
蒙古	MONGOLIA	35 323	36 561	32 973	44 546	45 392	44 779
印度尼西亚	INDONESIA	19 479	18 913	22 544	31 115	25 419	29 735
马来西亚	MALAYSIA	34 434	33 060	53 360	74 695	62 788	49 808
菲律宾	PHILIPPINES	37 627	38 129	43 889	52 693	44 814	43 470
新加坡	SINGAPORE	31 802	33 758	44 551	52 235	50 568	62 071
泰国	THAILAND	24 246	20 747	36 624	65 276	33 693	28 645
印度	INDIA	18 815	20 568	24 016	31 230	26 447	27 943
其他	OTHERS	44 598	61 173	75 626	93 319	72 209	75 416
欧洲	**EUROPE**	**174 255**	**252 157**	**292 357**	**324 807**	**309 405**	**308 540**
英国	UNITED KINGDOM	22 842	28 660	35 675	37 866	35 699	32 432
法国	FRANCE	14 037	17 478	19 762	27 328	23 001	21 233
德国	GERMANY	18 456	24 465	30 644	31 218	31 822	28 214
意大利	ITALY	5 148	7 435	9 340	11 041	9 389	9 519
瑞士	SWITZERLAND	1 659	2 357	2 966	3 428	3 529	3 251
瑞典	SWEDEN	4 778	5 679	7 297	8 231	7 684	7 158
荷兰	NETHERLANDS	5 986	7 103	8 560	10 245	9 515	9 227
俄罗斯	RUSSIA	72 245	121 783	136 054	142 736	146 499	156 416
其他	OTHERS	29 104	37 197	42 059	52 714	42 267	41 090
美洲	**AMERICA**	**106 954**	**111 619**	**140 515**	**155 681**	**155 082**	**170 010**
美国	U.S.A.	74 248	82 051	104 129	112 002	116 324	130 820
加拿大	CANADA	23 593	21 457	26 384	27 935	28 478	28 531
其他	OTHERS	9 113	8 111	10 002	15 744	10 280	10 659
大洋洲	**OCEANIA**	**30 028**	**27 922**	**33 837**	**40 272**	**33 669**	**34 281**
澳大利亚	AUSTRALIA	24 712	22 905	27 958	33 429	27 772	28 416
新西兰	NEW ZEALAND	4 469	4 076	4 991	5 881	4 985	4 962
其他	OTHERS	847	941	888	962	912	903
非洲	**AFRICA**	**7 946**	**10 258**	**12 586**	**18 136**	**12 708**	**12 935**
其他	**OTHERS**	**336**	**318**	**437**	**474**	**504**	**474**

资料来源:公安部
SOURCE:MINISTRY OF PUBLIC SECURITY

游客人数(按国籍分)

ARRIVALS BY NATIONALITY 2004

单　位:人

UNIT:PERSON

七月 JULY	八月 AUG.	九月 SEP.	十月 OCT.	十一月 NOV.	十二月 DEC.	合　计 TOTAL	占总数比重(%) P.C. TOTAL	比上年增长(%) GROWTH (%)
1 446 195	**1 594 483**	**1 537 592**	**1 791 537**	**1 656 420**	**1 435 646**	**16932 506**	**100.0**	**48.5**
919 349	**1 038 202**	**959 201**	**1 093 502**	**1 070 068**	**964 143**	**10 736 595**	**63.4**	**47.8**
292 007	321 569	319 200	339 349	332 926	293 404	3 334 255	19.7	47.9
284 034	334 568	239 549	272 800	243 734	224 969	2 844 862	16.8	46.2
46 801	54 538	52 160	51 189	53 418	56 087	553 767	3.3	32.4
27 441	29 003	29 624	30 937	54 090	31 532	349 832	2.1	50.9
41 468	57 135	67 846	84 492	103 555	79 268	741 909	4.4	72.5
43 156	45 813	45 677	53 966	49 992	50 164	549 390	3.2	20.0
43 838	48 865	55 038	61 875	75 461	76 764	636 826	3.8	68.4
30 036	29 718	36 092	66 883	43 495	48 724	464 179	2.7	68.5
26 895	26 116	26 409	31 569	24 619	24 784	309 411	2.9	41.2
83 673	90 877	87 606	100 442	88 778	78 447	952 164	5.6	45.6
311 250	357 309	358 123	434 843	378 986	273 675	3 775 707	22.3	45.4
36 371	**35 887**	**38 186**	**47 787**	**38 251**	**28 492**	**418 148**	**2.5**	**45.0**
28 075	27 757	25 287	34 158	23 620	19 372	281 108	1.7	80.1
29 027	32 523	36 493	44 151	35 156	23 160	365 329	2.2	64.5
10 069	12 027	10 944	15 726	12 756	8 983	122 377	0.7	85.9
4 013	3 438	4 861	5 146	3 646	2 430	40 724	0.2	71.8
5 655	5 864	7 116	11 176	9 433	7 103	87 174	0.5	74.2
13 750	9 830	11 803	13 804	10 295	7 241	117 359	0.7	72.8
137 726	182 894	173 372	192 816	192 874	136 778	1 792 193	10.6	29.8
46 564	47 089	50 061	70 079	52 955	40 116	551 295	3.3	60.7
165 352	**147 053**	**154 906**	**195 716**	**151 918**	**134 694**	**1 789 500**	**10.6**	**58.0**
122 560	107 081	113 571	140 911	109 337	95 593	1 308 627	7.7	59.1
31 338	29 485	28 687	38 093	33 047	31 018	348 046	2.1	51.1
11 454	10 487	12 648	16 712	9 534	8 083	132 827	0.8	65.8
35 377	**35 757**	**47 836**	**45 861**	**39 853**	**47 437**	**452 130**	**2.7**	**50.7**
29 409	29 449	40 362	38 511	33 355	40 030	376 308	2.2	53.3
5 045	5 287	6 514	6 330	5 562	6 465	64 567	0.4	48.7
923	1 021	960	1 020	936	942	11 255	0.1	-0.1
14 447	**15 747**	**17 142**	**21 036**	**15 122**	**15 317**	**173 380**	**1.0**	**66.4**
420	**415**	**384**	**579**	**473**	**380**	**5 194**	**0.0**	**73.7**

1－7　2000～2004年入境外国游客人数(按国籍分)

ANNUAL FOREIGN VISITOR ARRIVALS BY NATIONALITY 2000—2004

单　位:人

UNIT:PERSON

国　籍 NATIONALITY	2000年 2000	2001年 2001	2002年 2002	2003年 2003	2004年 2004
总　计 TOTAL	**10 160 432**	**11 226 384**	**13 439 497**	**11 402 855**	**16 932 506**
亚　洲 ASIA	**6 224 716**	**6 982 361**	**8 643 800**	**7 264 983**	**10 736 595**
日　本 JAPAN	2 201 528	2 385 700	2 925 553	2 254 800	3 334 255
韩　国 KOREA	1 344 721	1 678 836	2 124 310	1 945 484	2 844 862
蒙　古 MONGOLIA	399 110	387 057	453 126	418 257	553 767
印度尼西亚 INDONESIA	220 554	224 177	274 717	231 838	349 832
马来西亚 MALAYSIA	441 010	468 613	592 447	430 137	741 909
菲律宾 PHILIPPINES	363 852	407 990	508 572	457 725	549 390
新加坡 SINGAPORE	399 377	415 047	497 149	378 074	636 826
泰　国 THAILAND	241 074	298 417	386 328	275 429	464 179
印　度 INDIA	120 930	159 361	213 611	219 097	309 411
其　他 OTHERS	492 560	557 163	667 987	654 142	952 164
欧　洲 EUROPE	**2 367 353**	**2 567 272**	**2 825 800**	**2 597 606**	**3 775 707**
英　国 UNITED KINGDOM	283 877	302 527	342 967	288 326	418 148
法　国 FRANCE	184 964	199 523	222 135	156 063	281 108
德　国 GERMANY	239 062	253 354	281 835	222 022	365 329
意大利 ITALY	77 840	77 684	91 711	65 834	122 377
瑞　士 SWITZERLAND	30 743	30 816	32 239	23 702	40 724
瑞　典 SWEDEN	53 570	52 807	62 811	50 043	87 174
荷　兰 NETHERLANDS	75 978	92 953	100 405	67 921	117 359
俄罗斯 RUSSIA	1 080 209	1 196 175	1 271 635	1 380 650	1 792 193
其　他 OTHERS	341 110	361 433	420 062	343 045	551 295
美　洲 AMERICA	**1 217 091**	**1 278 383**	**1 509 574**	**1 132 937**	**1 789 500**
美　国 U.S.A.	896 180	949 161	1 121 197	822 511	1 308 627
加拿大 CANADA	236 556	253 876	291 329	230 326	348 046
其　他 OTHERS	84 355	75 346	97 048	80 100	132 827
大洋洲 OCEANIA	**282 378**	**310 207**	**353 683**	**300 113**	**452 130**
澳大利亚 AUSTRALIA	234 102	255 096	291 303	245 417	376 308
新西兰 NEW ZEALAND	37 595	44 350	50 198	43 428	64 567
其　他 OTHERS	10 681	10 761	12 182	11 268	11 255
非　洲 AFRICA	**65 658**	**73 263**	**98 525**	**104 226**	**173 380**
其　他 OTHERS	**3 236**	**14 898**	**8 115**	**2 990**	**5 194**

资料来源:公安部

SOURCE:MINISTRY OF PUBLIC SECURITY

二、入境外国游客主要特征

2. MAJOR PROFILE OF FOREIGN VISITOR ARRIVALS

2－1 2003～2004年入境外国游客人数
（按年龄、性别、目的和入境方式分）
FOREIGN VISITOR ARRIVALS BY AGE, SEX, PURPOSE & MODE OF TRANSPORT 2003—2004

单 位:人
UNIT:PERSON

项 目	ITEM	2004年 2004	占总人数比重（%） P.C.TOTAL	2003年 2003	占总人数比重（%） P.C.TOTAL
总 计	**TOTAL**	**16 932 506**	**100.0**	**11 402 855**	**100.0**
14岁及以下	UNDER 14	641 471	3.8	377 166	3.3
15～24岁	15－24	1 319 684	7.8	867 176	7.6
25～44岁	25－44	8 288 153	48.9	5 913 208	51.9
45～65岁	45－65	5 882 716	34.7	3 808 012	33.4
65岁及以上	OVER 65	800 482	4.7	437 293	3.8
男	MALE	11 203 963	66.2	7 785 779	68.3
女	FEMALE	5 728 543	33.8	3 617 076	31.7
会议/商务	MEETING/BUSINESS	3 861 359	22.8	2 902 025	25.4
观光休闲	SIGHTSEEING/LEISURE	7 412 120	43.8	4 306 737	37.8
探亲访友	VISITING RELATIVES & FRIENDS	376 233	2.2	247 302	2.2
服务员工	WORKER & CREW	1 754 815	10.4	1 525 110	13.4
其他	OTHERS	3 527 979	20.8	2 421 681	21.2
船舶	SEA	1 979 583	11.7	1 554 560	13.6
飞机	AIR	9 704 947	57.3	5 937 027	52.1
火车	RAIL	632 720	3.7	439 797	3.9
汽车	MOTOR	2 683 352	15.8	2 027 358	17.8
徒步	FOOT	1 931 904	11.4	1 444 113	12.7

资料来源:公安部
SOURCE:MINISTRY OF PUBLIC SECURITY

2－2　2004年各月入境外国
MONTHLY FOREIGN VISITOR

月　份 MONTH	合　计 TOTAL	会议/商务 MEETING/BUSINESS
全　年	**16 932 506**	**3 861 359**
WHOLE YEAR		
一　月　JAN.	946 692	212 311
二　月　FEB.	1 102 230	260 519
三　月　MAR.	1 244 938	325 578
四　月　APR.	1 449 988	355 359
五　月　MAY	1 341 497	321 482
六　月　JUNE	1 385 288	334 853
七　月　JULY	1 446 195	327 135
八　月　AUG.	1 594 483	323 323
九　月　SEP.	1 537 592	334 869
十　月　OCT.	1 791 537	413 117
十一月　NOV.	1 656 420	357 792
十二月　DEC.	1 435 646	295 021

资料来源:公安部
SOURCE:MINISTRY OF PUBLIC SECURITY

游客人数(按目的分)
ARRIVALS BY PURPOSE 2004

单　位:人
UNIT:PERSON

观光休闲 SIGHTSEEING/ LEISURE	探亲访友 VISITING RELATIVES & FRIENDS	服务员工 WORKER & CREW	其他 OTHERS
7 412 120	**376 233**	**1 754 815**	**3 527 979**
343 097	24 834	131 631	234 819
355 800	15 718	130 684	339 509
510 421	26 653	146 396	235 890
628 412	33 480	153 843	278 894
583 786	30 183	140 797	265 249
617 285	36 251	140 428	256 471
661 439	39 869	141 567	276 185
756 522	35 601	146 373	332 664
721 408	34 116	147 671	299 528
837 454	33 763	156 441	350 762
777 673	30 729	162 691	327 535
618 823	35 036	156 293	330 473

2-3 2004年各月入境外国游客人数
(按年龄和性别分)
MONTHLY FOREIGN VISITOR ARRIVALS BY AGE & SEX 2004

单 位:人
UNIT:PERSON

月 份 MONTH	合 计 TOTAL	年 龄 AGE					性 别 SEX	
		14岁及以下 UNDER 14	15~24岁 15-24	25~44岁 25-44	45~64岁 45-64	65岁及以上 OVER 65	男 MALE	女 FEMALE
全 年 WHOLE YEAR	**16 932 506**	**641 471**	**1 319 684**	**8 288 153**	**5 882 716**	**800 482**	**11 203 963**	**5 728 543**
一 月 JAN.	946 692	52 184	71 171	486 702	307 229	29 406	645 232	301 460
二 月 FEB.	1 102 230	28 748	92 403	574 172	373 652	33 255	774 712	327 518
三 月 MAR.	1 244 938	31 428	85 153	629 827	442 247	56 283	860 370	384 568
四 月 APR.	1 449 988	41 579	90 880	714 943	526 224	76 362	973 855	476 133
五 月 MAY	1 341 497	39 976	91 906	657 561	480 612	71 442	896 190	445 307
六 月 JUNE	1 385 288	57 694	106 966	672 696	482 756	65 176	930 523	454 765
七 月 JULY	1 446 195	85 234	139 069	690 914	475 737	55 241	947 466	498 729
八 月 AUG.	1 594 483	103 441	170 265	752 465	511 863	56 449	1 002 124	592 359
九 月 SEP.	1 537 592	35 688	120 976	730 327	551 899	98 702	998 897	538 695
十 月 OCT.	1 791 537	43 975	112 564	853 260	664 109	117 629	1 172 840	618 697
十一月 NOV.	1 656 420	50 259	115 805	807 278	594 823	88 255	1 072 917	583 503
十二月 DEC.	1 435 646	71 265	122 526	718 008	471 565	52 282	928 837	506 809

资料来源:公安部
SOURCE:MINISTRY OF PUBLIC SECURITY

2-4 2004年各月入境外国游客人数(按入境方式分)

MONTHLY FOREIGN VISITOR ARRIVALS BY MODE OF TRANSPORT 2004

单 位:人

UNIT:PERSON

月 份 MONTH	总 计 TOTAL	船舶 SEA	飞机 AIR	火车 RAIL	汽车 MOTOR	徒步 FOOT
全 年 WHOLE YEAR	**16 932 506**	**1 979 583**	**9 704 947**	**632 720**	**2 683 352**	**1 931 904**
一 月 JAN.	946 692	127 190	534 157	28 609	135 954	120 782
二 月 FEB.	1 102 230	134 510	611 074	41 189	188 062	127 395
三 月 MAR.	1 244 938	142 293	690 936	47 844	212 067	151 798
四 月 APR.	1 449 988	164 753	825 801	65 107	230 412	163 915
五 月 MAY	1 341 497	160 201	765 194	52 148	211 379	152 575
六 月 JUNE	1 385 288	170 065	780 815	51 003	219 091	164 314
七 月 JULY	1 446 195	170 777	849 831	52 347	206 296	166 944
八 月 AUG.	1 594 483	184 714	942 284	56 475	244 376	166 634
九 月 SEP.	1 537 592	178 854	911 557	54 019	235 578	157 584
十 月 OCT.	1 791 537	199 404	1 063 961	75 537	273 511	179 124
十一月 NOV.	1 656 420	182 855	937 709	58 772	290 335	186 749
十二月 DEC.	1 435 646	163 967	791 628	49 670	236 291	194 090

资料来源:公安部

SOURCE:MINISTRY OF PUBLIC SECURITY

2－5　2004年入境外国游客
FOREIGN VISITOR ARRIVALS

国　籍 NATIONALITY	合　计 TOTAL	会议/商务 MEETING/BUSINESS
总　计 TOTAL	**16 932 506**	**3 861 359**
亚　洲 ASIA	**10 736 595**	**2 436 338**
日　本 JAPAN	3 334 255	838 382
韩　国 KOREA	2 844 862	860 388
蒙　古 MONGOLIA	553 767	47 231
印度尼西亚 INDONESIA	349 832	36 941
马来西亚 MALAYSIA	741 909	106 742
菲律宾 PHILIPPINES	549 390	43 216
新加坡 SINGAPORE	636 826	107 763
泰　国 THAILAND	464 179	39 005
印　度 INDIA	309 411	86 027
其　他 OTHERS	952 164	270 643
欧　洲 EUROPE	**3 775 707**	**880 741**
英　国 UNITE KINGDOM	418 148	115 355
法　国 FRANCE	281 108	58 301
德　国 GERMANY	365 329	95 290
意大利 ITALY	122 377	40 974
瑞　士 SWITZERLAND	40 724	11 030
瑞　典 SWEDEN	87 174	17 068
荷　兰 NETHERLANDS	117 359	25 580
俄罗斯 RUSSIA	1 792 193	409 417
其　他 OTHERS	551 295	107 726
美　洲 AMERICA	**1 789 500**	**387 241**
美　国 U.S.A.	1 308 627	286 329
加拿大 CANADA	348 046	69 460
其　他 OTHERS	132 827	31 452
大洋洲 OCEANIA	**452 130**	**95 017**
澳大利亚 AUSTRALIA	376 308	79 590
新西兰 NEW ZEALAND	64 567	13 715
其　他 OTHERS	11 255	1 712
非　洲 AFRICA	**173 380**	**60 584**
其　他 OTHERS	**5 194**	**1 438**

资料来源:公安部

SOURCE:MINISTRY OF PUBLIC SECURITY

人数(按国籍和目的分)

BY NATIONALITY & PURPOSE 2004

单　位:人

UNIT:PERSON

观光休闲 SIGHTSEEING/LEISURE	探亲访友 VISITING RELATIVES & FRIENDS	服务员工 WORKER & CREW	其　他 OTHERS
7 412 120	**376 233**	**1 754 815**	**3 527 979**
4 562 590	**177 053**	**1 171 724**	**2 388 890**
1 615 467	41 711	113 737	724 958
1 269 312	47 622	212 001	455 539
26 678	760	87 488	391 610
173 028	10 771	52 546	76 546
429 129	18 853	48 581	138 604
155 068	5 305	268 244	77 557
316 840	25 676	36 044	150 503
278 939	14 029	46 960	85 246
90 542	2 072	57 063	73 707
207 587	10 254	249 060	214 620
1 819 499	**48 288**	**497 693**	**529 486**
174 109	10 315	18 768	99 601
122 758	9 003	18 477	72 569
144 719	8 206	28 554	88 560
48 208	1 698	4 239	27 258
18 103	1 066	655	9 870
38 743	2 891	5 073	23 399
48 895	3 853	11 369	27 662
1 040 378	2 242	296 973	43 183
183 586	9 014	113 585	137 384
777 840	**120 636**	**54 542**	**449 241**
589 918	87 054	37 557	307 769
142 513	29 181	10 646	96 246
45 409	4 401	6 339	45 226
196 315	**26 219**	**22 518**	**112 061**
167 628	21 189	16 001	91 900
26 741	4 617	2 336	17 158
1 946	413	4 181	3 003
55 165	**2 711**	**8 283**	**46 637**
711	**1 326**	**55**	**1 664**

2－6　2004年入境外国游客
FOREIGN VISITOR ARRIVALS

国籍 NATIONALITY	合计 TOTAL	年龄 14岁及以下 UNDER 14	15~24岁 15－24
总计 TOTAL	**16 932 506**	**641 471**	**1 319 684**
亚洲 ASIA	**10 736 595**	**359 818**	**748 348**
日本 JAPAN	3 334 255	75 095	145 818
韩国 KOREA	2 844 862	138 114	207 561
蒙古 MONGOLIA	553 767	8 415	68 038
印度尼西亚 INDONESIA	349 832	14 281	38 783
马来西亚 MALAYSIA	741 909	32 543	47 418
菲律宾 PHILIPPINES	549 390	12 547	42 852
新加坡 SINGAPORE	636 826	37 192	30 056
泰国 THAILAND	464 179	19 771	36 108
印度 INDIA	309 411	7 063	42 759
其他 OTHERS	952 164	14 797	88 955
欧洲 EUROPE	**3 775 707**	**106 555**	**416 304**
英国 UNITED KINGDOM	418 148	15 090	26 487
法国 FRANCE	281 108	13 654	20 091
德国 GERMANY	365 329	9 941	18 941
意大利 ITALY	122 377	1 823	4 770
瑞士 SWITZERLAND	40 724	1 428	2 123
瑞典 SWEDEN	87 174	4 162	5 898
荷兰 NETHERLANDS	117 359	5 567	6 977
俄罗斯 RUSSIA	1 792 193	39 308	293 472
其他 OTHERS	551 295	15 582	37 545
美洲 AMERICA	**1 789 500**	**137 274**	**114 503**
美国 U.S.A.	1 308 627	98 692	81 477
加拿大 CANADA	348 046	29 874	22 853
其他 OTHERS	132 827	8 708	10 173
大洋洲 OCEANIA	**452 130**	**34 114**	**27 707**
澳大利亚 AUSTRALIA	376 308	28 092	23 332
新西兰 NEW ZEALAND	64 567	5 579	3 511
其他 OTHERS	11 255	443	864
非洲 AFRICA	**173 380**	**3 675**	**12 755**
其他 OTHERS	5 194	35	67

资料来源:公安部

SOURCE:MINISTRY OF PUBLIC SECURITY

人数(按国籍、年龄和性别分)

BY NATIONALITY, AGE & SEX 2004

单 位:人

UNIT:PERSON

AGE			性 别 SEX	
25~44 岁 25-44	45~64 岁 45-64	65 岁及以上 OVER 65	男 MALE	女 FEMALE
8 288 153	**5 882 716**	**800 482**	**11 203 963**	**5 728 543**
5 343 060	**3 745 275**	**540 094**	**7 430 758**	**3 305 837**
1 456 756	1 416 251	240 335	2 581 838	752 417
1 317 784	1 046 626	134 777	1 929 860	915 002
380 204	93 104	4 006	268 610	285 157
164 641	111 814	20 313	188 085	161 747
367 034	251 738	43 176	434 980	306 929
363 910	120 264	9 817	387 252	162 138
298 459	235 164	35 955	401 792	235 034
217 076	160 000	31 224	219 952	244 227
189 696	65 524	4 369	273 753	35 658
587 500	244 790	16 122	744 636	207 528
1 939 502	**1 214 546**	**98 800**	**2 176 162**	**1 599 545**
200 062	159 560	16 949	302 589	115 559
135 280	99 324	12 759	189 566	91 542
186 408	134 765	15 274	273 098	92 231
64 796	46 824	4 164	98 295	24 082
18 393	16 567	2 213	30 641	10 083
37 967	34 328	4 819	56 787	30 387
59 680	41 194	3 941	81 004	36 355
942 513	493 591	23 309	744 594	1 047 599
294 403	188 393	15 372	399 588	151 707
677 185	**722 043**	**138 495**	**1 166 565**	**622 935**
466 846	559 775	101 837	866 725	441 902
148 357	124 538	22 424	217 631	130 415
61 982	37 730	14 234	82 209	50 618
210 751	**159 639**	**19 919**	**290 116**	**162 014**
170 102	137 441	17 341	241 199	135 109
33 677	19 446	2 354	40 741	23 826
6 972	2 752	224	8 176	3 079
115 521	**38 942**	**2 487**	**136 299**	**37 081**
2 134	**2 271**	**687**	**4 063**	**1 131**

2－7　2004 年入境外国游客人数(按国籍和入境方式分)
FOREIGN VISITOR ARRIVALS BY NATIONALITY & MODE OF TRANSPORT 2004

单　位:人
UNIT:PERSON

国籍 NATIONALITY	总计 TOTAL	船舶 SEA	飞机 AIR	火车 RAIL	汽车 MOTOR	徒步 FOOT
总计 TOTAL	**16 932 506**	**1 979 583**	**9 704 947**	**632 720**	**2 683 352**	**1 931 904**
亚洲 ASIA	**10 736 595**	**1 303 390**	**6 732 493**	**242 422**	**1 179 512**	**1 278 778**
日本 JAPAN	3 334 255	264 148	2 543 141	49 555	175 420	301 991
韩国 KOREA	2 844 862	449 273	2 147 623	15 597	100 595	131 774
蒙古 MONGOLIA	553 767	443	31 721	62 367	440 595	18 641
印度尼西亚 INDONESIA	349 832	47 132	178 970	10 296	32 944	80490
马来西亚 MALAYSIA	741 909	31 570	532 894	9 247	46 925	121 273
菲律宾 PHILIPPINES	549 390	272 859	92 163	6 361	32 313	145 694
新加坡 SINGAPORE	636 826	27 741	444 412	10 371	45 096	109 206
泰国 THAILAND	464 179	20 472	326 600	3 401	37 864	75 842
印度 INDIA	309 411	66 822	77 485	13 607	21 765	129 732
其他 OTHERS	952 164	122 930	357 484	61 620	245 995	164 135
欧洲 EUROPE	**3 775 707**	**479 226**	**1 523 913**	**277 842**	**1 261 064**	**233 662**
英国 UNITED KINGDO	418 148	45 590	229 031	21 047	38 675	83 805
法国 FRANCE	281 108	15 635	210 112	10 349	15 475	29 537
德国 GERMANY	365 329	30 629	284 003	10 610	14 702	25 385
意大利 ITALY	122 377	11 930	86 055	5 345	8 186	10 861
瑞士 SWITZERLAND	40 724	3 121	29 059	2 051	2 434	4 059
瑞典 SWEDEN	87 174	5 217	70 173	2 968	3 306	5 510
荷兰 NETHERLANDS	117 359	7 281	80 962	6 596	8 315	14 205
俄罗斯 RUSSIA	1 792 193	255 954	179 238	203 537	1 149 730	3 734
其他 OTHERS	551 295	103 869	355 280	15 339	20 241	56 566
美洲 AMERICA	**1 789 500**	**153 269**	**1 118 206**	**71 058**	**182 427**	**264 540**
美国 U.S.A.	1 308 627	114 244	873 043	45 006	124 366	151 968
加拿大 CANADA	348 046	26 315	181 815	17 509	43 568	78 839
其他 OTHERS	132 827	12 710	63 348	8 543	14 493	33 733
大洋洲 OCEANIA	**452 130**	**34 991**	**248 138**	**21 094**	**42 643**	**105 264**
澳大利亚 AUSTRALIA	376 308	25 917	214 316	16 923	33 536	85 616
新西兰 NEW ZEALAND	64 567	4 542	32 102	3 713	7 952	16 258
其他 OTHERS	11 255	4 532	1 720	458	1 155	3 390
非洲 AFRICA	**173 380**	**7 277**	**78 635**	**20 218**	**17 628**	**49 622**
其他 OTHERS	**5 194**	**1 430**	**3 562**	**86**	**78**	**38**

资料来源:公安部
SOURCE:MINISTRY OF PUBLIC SECURITY

三、国际旅游(外汇)收入

3. INTERNATIONAL TOURISM RECEIPTS

3-1 1978～2004年国际旅游(外汇)收入

INTERNATIONAL TOURISM RECEIPTS 1978—2004

年　份 YEAR	国际旅游(外汇)收入 (亿美元) TOURISM RECEIPTS (100Mn. US$)	发展指数 (1978年为100) INDICES (1978=100)	比上年增长 (%) GROWTH (%)
1978	2.63	100.00	-
1979	4.49	170.90	70.90
1980	6.17	234.60	37.30
1981	7.85	298.60	27.30
1982	8.43	320.70	7.40
1983	9.41	358.00	11.60
1984	11.31	430.30	20.20
1985	12.50	475.50	10.50
1986	15.31	582.30	22.50
1987	18.62	708.10	21.60
1988	22.47	854.60	20.70
1989	18.60	707.70	-17.20
1990	22.18	843.50	19.20
1991	28.45	1 082.10	28.30
1992	39.47	1 501.30	38.70
1993	46.83	1 781.40	18.70
1994	73.23	2 785.40	*
1995	87.33	3 321.70	19.25
1996	102.00	3 879.98	16.81
1997	120.74	4 592.67	18.37
1998	126.02	4 793.36	4.37
1999	140.99	5 362.70	11.88
2000	162.24	6 171.17	15.08
2001	177.92	6 767.59	9.67
2002	203.85	7 753.90	14.57
2003	174.06	6 620.82	-14.61
2004	257.39	9 790.35	47.87

注：* 由于国家外汇管理体制变化，1994年国际旅游(外汇)收入统计方法也做了相应的改革，采用了与国际接轨的办法，与往年不能简单对比。

NOTE: * BECAUSE OF THE REFORM IN THE FOREIGN CURRENCY CONTROL SYSTEM, THE METHOD OF CALCULATING TOURISM RECEIPTS IN 1994 HAS ALSO BEEN ADJUSTED AND THE INTERNATIONAL STANDARD IS ADOPTED. IT IS NOT PROPER TO MAKE SIMPLE COMPARISON WITH THE FIGURES OF PREVIOUS YEARS.

3－2　2004年国际旅游(外汇)收入构成
BREAKDOWN OF INTERNATIONAL TOURISM RECEIPTS 2004

单　位:亿美元
UNIT:100Mn. US $

	国际旅游收入 TOURISM RECEIPTS	占总收入比重(%) P.C. TOTAL
总　计　TOTAL	**257.39**	**100.0**
长途交通 LONG－DISTANCE TRANSPORTATION	66.88	26.0
民　　航　AIR	49.52	19.2
铁　　路　RAIL	4.63	1.8
汽　　车　MOTOR	8.10	3.1
轮　　船　SEA	4.63	1.8
游　　览　SIGHTSEEING	13.07	5.1
住　　宿　ACCOMMODATION	31.24	12.1
餐　　饮　FOOD & BEVERAGE	19.42	7.5
商品销售　SHOPPING	57.98	22.5
娱　　乐　ENTERTAINMENT	18.25	7.1
邮电通讯　COMMUNICATION	8.81	3.4
市内交通　LOCAL TRANSPORTATION	10.87	4.2
其他服务　OTHERS	30.86	12.0

3-3 2004年各月国际旅游(外汇)收入

MONTHLY OF INTERNATIONAL TOURISM RECEIPTS 2004

单　位:万美元

UNIT:TEN THOUS. US $

月　份 MONTH	总　计 TOTAL	外国人 FOREIGNERS	香港同胞 HONG KONG SAR	澳门同胞 MACAO SAR	台湾同胞 TAIWAN PROVINCE
全　年 WHOLE YEAR	**2 573 883**	**1 263 710**	**691 356**	**253 418**	**365 399**
一　月 JAN.	167 109	68 024	54 538	19 563	24 985
二　月 FEB.	171 780	80 971	48 221	17 550	25 038
三　月 MAR.	194 183	91 549	55 898	18 622	28 114
四　月 APR.	223 057	107 936	63 209	19 891	32 021
五　月 MAY	203 346	99 980	56 018	20 424	26 924
六　月 JUNE	211 832	103 633	55 980	21 161	31 058
七　月 JULY	227 025	108 585	60 782	22 420	35 238
八　月 AUG.	237 272	120 481	60 548	22 594	33 650
九　月 SEP.	225 450	115 670	56 669	21 199	31 912
十　月 OCT.	255 818	136 000	59 667	22 992	37 159
十一月 NOV.	233 554	124 326	57 435	21 549	30 243
十二月 DEC.	223 456	106 556	62 389	25 452	29 059

3-4 2003～2004年主要城市国际旅游(外汇)收入
INTERNATIONAL TOURISM RECEIPTS BY MAJOR CITIES 2003—2004

单 位:万美元
UNIT:TEN THOUS. US $

城市名称 NAME OF CITY		2004年 2004	2003年 2003	增长(%) GROWTH(%)
北　　京	BEIJING	317 343	190 355	66.7
天　　津	TIANJIN	41 253	32 947	25.2
石 家 庄	SHIJIAZHUANG	1 672	845	97.9
秦 皇 岛	QINHUANGDAO	8 040	3 386	137.4
承　　德	CHENGDE	4 570	1 940	135.5
太　　原	TAIYUAN	3 019	1 400	115.6
大　　同	DATONG	1 767	894	97.7
呼和浩特	HOHHOT	956	355	168.9
沈　　阳	SHENYANG	14 342	11 102	29.2
大　　连	DALIAN	35 000	25 120	39.3
长　　春	CHANGCHUN	4 296	3 671	17.0
吉　　林	JILIN	780	493	58.1
延　　边	YANBIAN	3 534	2 330	51.7
哈 尔 滨	HARBIN	8 465	6 066	39.5
上　　海	SHANGHAI	304 124	205 266	48.2
南　　京	NANJING	50 773	31 772	59.8
无　　锡	WUXI	20 746	15 916	30.3
苏　　州	SUZHOU	48 608	28 959	67.9
南　　通	NANTONG	9 934	7 972	24.6
连 云 港	LIANYUNGANG	3 520	1 757	100.3
杭　　州	HANGZHOU	59 734	42 221	41.5
宁　　波	NINGBO	15 428	9 977	54.6
温　　州	WENZHOU	7 102	4 770	48.9
合　　肥	HEFEI	3 326	2 151	54.6
黄　　山	HUANGSHAN	5 954	2 779	114.3
福　　州	FUZHOU	23 538	23 890	-1.5
厦　　门	XIAMEN	42 296	30 153	40.3
泉　　州	QUANZHOU	32 702	30 116	8.6

3-4(续1)

城市名称 NAME OF CITY	2004年 2004	2003年 2003	增长(%) GROWTH(%)
漳　州 ZHANGZHOU	914	1 033	-11.6
南　昌 NANCHANG	1 723	1 104	56.1
九　江 JIUJIANG	1 663	987	68.4
济　南 JINAN	3 698	2 396	54.3
青　岛 QINGDAO	29 182	18 061	61.6
烟　台 YANTAI	10 479	7 560	38.6
威　海 WEIHAI	5 097	4 204	21.2
郑　州 ZHENGZHOU	5 742	4 161	38.0
洛　阳 LUOYANG	3 145	566	455.7
武　汉 WUHAN	12 618	9 433	33.8
长　沙 CHANGSHA	14 180	2 384	494.9
广　州 GUANGZHOU	189 665	162 206	16.9
深　圳 SHENZHEN	178 672	130 103	37.3
珠　海 ZHUHAI	56 258	46 202	21.8
汕　头 SHANTOU	6 574	9 137	-28.1
湛　江 ZHANJIANG	1 071	1 462	-26.7
中　山 ZHONGSHAN	20 688	18 712	10.6
南　宁 NANNING	1 715	890	92.6
桂　林 GUILIN	19 095	10 939	74.6
北　海 BEIHAI	553	280	97.7
海　口 HAIKOU	2 736	2 073	32.0
三　亚 SANYA	4 338	3 890	11.5
重　庆 CHONGQING	20 308	11 323	79.4
成　都 CHENGDU	14 039	10 079	39.3
贵　阳 GUIYANG	3 399	806	321.7
昆　明 KUNMING	13 073	11 325	15.4
拉　萨 LHASA	2 075	798	160.0
西　安 XI'AN	33 003	14 637	125.5
兰　州 LANZHOU	1 000	411	143.6
西　宁 XINING	627	306	104.6
银　川 YINCHUAN	149	72	107.7
乌鲁木齐 URUMQI	4 846	3 670	32.1

3-5 2003～2004年各地区国际旅游(外汇)收入
INTERNATIONAL TOURISM RECEIPTS BY LOCALITY 2003—2004

单　位:万美元
UNIT:TEN THOUS. US $

地　区 LOCALITY		2004年 2004	按收入高低排列名次 POSITION	2003年 2003	按收入高低排列名次 POSITION	2004年比2003年增长(%) GROWTH(%)
北　京	BEIJING	317 343	2	190 355	3	66.7
天　津	TIANJIN	41 253	10	32 947	10	25.2
河　北	HEBEI	19 042	19	8 460	18	125.1
山　西	SHANXI	8 123	25	3 627	26	124.0
内蒙古	INNER MONGOLIA	25 330	16	13 845	15	83.0
辽　宁	LIAONING	61 281	7	45 410	7	35.0
吉　林	JILIN	9 600	22	6 639	21	44.6
黑龙江	HEILONGJIANG	30 215	13	24 364	11	24.0
上　海	SHANGHAI	304 124	3	205 266	2	48.2
江　苏	JIANGSU	176 344	4	113 187	4	55.8
浙　江	ZHEJIANG	130 047	5	87 250	6	49.1
安　徽	ANHUI	14 069	21	8 341	19	68.7
福　建	FUJIAN	106 507	6	91 487	5	16.4
江　西	JIANGXI	7 976	27	4 746	24	68.1
山　东	SHANDONG	56 655	8	37 013	8	53.1
河　南	HENAN	16 001	20	6 344	22	152.2
湖　北	HUBEI	19 240	18	13 627	16	41.2
湖　南	HUNAN	31 308	12	4 577	25	584.0
广　东	GUANGDONG	537 822	1	426 693	1	26.0
广　西	GUANGXI	28 791	15	16 434	13	75.2
海　南	HAINAN	8 160	24	7 957	20	2.6
重　庆	CHONGQING	20 308	17	11 323	17	79.4
四　川	SICHUAN	28 885	14	14 959	14	93.1
贵　州	GUIZHOU	8 020	26	2 894	27	177.1
云　南	YUNNAN	42 245	9	34 014	9	24.2
西　藏	TIBET	3 660	29	1 891	29	93.5
陕　西	SHAANXI	36 136	11	19 843	12	82.1
甘　肃	GANSU	4 379	28	2 117	28	106.8
青　海	QINGHAI	912	30	473	30	92.8
宁　夏	NINGXIA	171	31	84	31	103.6
新　疆	XINJIANG	9 108	23	4 858	23	87.5

3-6 2004年入境旅游者人均天消费情况(按地区分)
THE AVERAGE DAILY PER CAPITA EXPENDITURE BY INTERNATIONAL TOURISTS 2004

地区 LOCALITY		人均天花费(美元/人天) (US$/NIGHT)	AVERAGE EXPENDITURE			
			外国人 FOREIGNERS	香港同胞 HONG KONG SAR	澳门同胞 MACAO SAR	台湾同胞 TAIWAN PROVINCE
北京	BEIJING	241.54	245.35	220.25	230.56	215.26
天津	TIANJIN	173.62	173.07	178.70	176.40	170.09
河北	HEBEI	138.47	137.65	140.83	139.39	146.29
山西	SHANXI	169.93	167.93	203.53	140.41	166.31
内蒙古	INNER MONGOLIA	161.95	160.92	188.70	177.14	171.23
辽宁	LIAONING	189.26	188.54	192.81	190.00	192.35
吉林	JILIN	159.94	160.11	157.61	160.50	159.60
黑龙江	HEILONGJIANG	179.83	178.64	199.88	197.34	182.85
上海	SHANGHAI	228.62	228.18	234.71	231.67	228.86
江苏	JIANGSU	195.34	194.53	198.97	197.74	195.02
浙江	ZHEJIANG	190.19	190.01	193.01	202.32	185.91
安徽	ANHUI	174.53	173.83	180.06	170.00	177.02
福建	FUJIAN	168.44	171.52	161.81	148.56	165.61
江西	JIANGXI	131.69	132.79	130.58	117.95	136.17
山东	SHANDONG	184.44	184.44	185.98	196.57	180.19
河南	HENAN	127.95	126.97	133.97	125.49	131.55
湖北	HUBEI	169.92	178.92	155.59	159.13	139.32
湖南	HUNAN	170.67	170.60	172.98	169.62	169.41
广东	GUANGDONG	133.57	131.94	134.83	133.79	134.95
广西	GUANGXI	162.64	163.60	160.89	156.70	161.48
海南	HAINAN	146.49	145.41	149.37	148.83	151.87
重庆	CHONGQING	172.35	173.65	170.96	160.54	165.40
四川	SICHUAN	167.54	167.94	171.27	159.28	163.72
贵州	GUIZHOU	159.73	159.73	160.26	151.33	160.57
云南	YUNNAN	171.76	169.81	176.54	185.02	180.79
西藏	TIBET	151.93	149.55	170.38	156.01	172.25
陕西	SHAANXI	173.66	173.50	174.38	173.15	177.91
甘肃	GANSU	149.49	149.30	138.30	157.21	155.00
青海	QINGHAI	125.87	125.79	125.00	125.00	129.47
宁夏	NINGXIA	125.42	125.29	128.56	124.22	124.16
新疆	XINJIANG	151.24	151.92	150.96	145.00	144.00

资料来源:2004年"入境游客在华花费情况抽样调查"

SOURCE:THE SAMPLING OF EXPENDITURES BY INTERNATIONAL VISITORS IN CHINA 2004

3－7　2004 年入境旅游者

BREAKDOWN OF THE AVERAGE DAILY PER CAPITA

地　区 LOCALITY		人均天消费 (美元/人天) EXPENDITURE (US$/NIGHT)	人均天消费构成(%)		
			长途交通 LONG-DISTANCE TRANSPORTATION	游　览 SIGHTSEEING	住　宿 ACCOMMO- DATION
北　京	BEIJING	241.54	25.4	4.2	13.6
天　津	TIANJIN	173.62	30.0	5.4	12.4
河　北	HEBEI	138.47	24.6	5.4	10.9
山　西	SHANXI	169.93	23.3	5.1	9.5
内蒙古	INNER MONGOLIA	161.95	16.4	2.7	7.6
辽　宁	LIAONING	189.26	27.1	4.1	12.4
吉　林	JILIN	159.94	30.6	3.6	10.5
黑龙江	HEILONGJIANG	179.83	19.3	1.2	7.3
上　海	SHANGHAI	228.62	15.1	4.9	15.1
江　苏	JIANGSU	195.34	19.6	4.7	14.3
浙　江	ZHEJIANG	190.19	16.7	3.3	11.2
安　徽	ANHUI	174.53	17.8	7.3	13.9
福　建	FUJIAN	168.44	31.2	3.7	11.5
江　西	JIANGXI	131.69	28.3	4.7	13.2
山　东	SHANDONG	184.44	26.9	4.7	11.4
河　南	HENAN	127.95	19.1	4.8	14.0
湖　北	HUBEI	169.92	37.8	3.6	9.6
湖　南	HUNAN	170.67	20.0	7.6	10.5
广　东	GUANGDONG	133.57	35.7	7.4	11.6
广　西	GUANGXI	162.64	32.8	6.6	7.1
海　南	HAINAN	146.49	29.7	3.8	12.9
重　庆	CHONGQING	172.35	50.7	2.4	5.1
四　川	SICHUAN	167.54	34.3	4.3	12.0
贵　州	GUIZHOU	159.73	25.3	3.7	14.7
云　南	YUNNAN	171.76	32.5	4.0	8.4
西　藏	TIBET	151.93	21.6	5.3	16.0
陕　西	SHAANXI	173.66	26.9	3.7	14.0
甘　肃	GANSU	149.49	33.4	2.4	14.6
青　海	QINGHAI	125.87	32.9	5.4	16.3
宁　夏	NINGXIA	125.42	39.9	8.0	12.8
新　疆	XINJIANG	151.24	32.7	1.5	7.9

资料来源:2004 年“入境游客在华花费情况抽样调查”

SOURCE:THE SAMPLING OF EXPENDITURES BY INTERNATIONAL VISITORS IN CHINA 2004

人均天消费构成

EXPENDITURE BY INTERNATIONAL TOURISTS 2004

BREAKDOWN OF EXPENDITURE(%)					
餐 饮 FOOD & BEVERAGE	购 物 SHOPPING	娱 乐 ENTER-TAINMENT	邮电通讯 COMMU-NICATION	市内交通 LOCAL TRAN-SPORTATION	其他服务 OTHERS
7.9	27.4	5.1	3.4	2.2	10.8
5.1	28.2	5.0	3.8	2.1	8.0
5.8	23.7	6.6	7.2	2.3	13.5
3.9	28.9	4.0	6.7	1.4	17.2
3.8	51.5	3.0	3.9	1.0	10.1
9.9	21.3	6.1	3.7	2.2	13.2
8.2	23.8	4.7	2.6	1.6	14.4
5.8	45.4	2.3	4.1	1.1	13.5
6.8	29.5	8.0	2.9	2.9	14.8
7.0	30.1	7.4	3.5	2.5	10.9
6.1	38.7	5.2	4.3	1.4	13.1
6.5	27.3	5.4	3.2	2.2	16.4
9.2	19.7	7.3	3.6	2.0	11.8
9.1	19.0	5.8	3.1	4.8	12.0
4.3	21.9	4.2	3.9	2.4	20.3
8.7	23.0	6.4	7.4	2.6	14.0
4.3	19.2	6.5	4.1	2.7	12.2
3.7	22.7	5.6	7.5	2.9	19.5
6.9	11.2	9.0	2.1	2.1	14.0
7.0	23.5	3.4	3.3	2.9	13.4
5.6	21.9	3.8	5.5	1.8	15.0
6.0	13.1	3.0	2.0	1.1	16.6
4.4	25.6	6.1	3.6	1.5	8.2
4.1	32.1	6.6	3.0	1.1	9.4
5.5	24.6	4.1	4.2	2.2	14.5
2.8	23.5	8.9	9.9	3.3	8.7
2.6	34.5	3.2	2.8	2.4	9.9
8.1	23.8	3.7	4.3	0.9	8.8
8.9	12.2	2.5	4.3	4.9	12.6
7.2	12.4	7.2	2.1	2.2	8.2
8.6	36.3	3.0	2.4	1.0	6.6

3－8　2004年入境旅游者
(按年龄、性别、
THE AVERAGE DAILY PER CAPITA
BY AGE,SEX,

		人均天消费 (美元/人天) EXPENDITURE	外国人 FOREIGNERS
总 平 均	**AVERAGE TOTAL**	**156.84**	**171.06**
14岁及以下	UNDER 14	127.54	126.74
15～24岁	15－24	136.47	145.77
25～44岁	25－44	159.56	179.68
45～64岁	45－64	163.54	173.75
65岁及以上	OVER 65	136.36	144.48
男	MALE	161.36	176.83
女	FEMALE	149.76	161.42
政府工作人员	OFFICIAL	160.77	164.04
专业技术人员	PROFESSIONAL	154.57	169.75
职　　员	CLERK	151.95	162.93
技工/工人	TECHNICIAN/WORKER	137.43	163.84
商贸人员	BUSINESSMAN	184.47	198.84
服务员/推销员	WAITER/SALESMAN	140.66	161.91
退休人员	RETIRED	131.54	138.52
家庭妇女	HOUSEWIFE	138.31	159.92
军　　人	ARMYMAN	188.99	183.77
学　　生	STUDENT	123.47	132.58
其　　他	OTHERS	158.67	173.83
观光游览	SIGHTSEEING	151.70	157.23
休闲度假	LEISURE/HOLIDAY	140.72	149.24
探亲访友	VISITING RELATIVES & FRIENDS	142.60	180.15
商　　务	BUSINESS	172.95	192.38
会　　议	MEETING	192.38	200.76
宗教朝拜	RELIGION/PILGRIMAGE	123.60	120.28
文体科技交流	CULTURAL/SPORTS/ SCIENTIFIC EXCHANGE PROGRAMME	155.59	159.49
其　　他	OTHERS	143.68	167.39

资料来源:2004年"入境游客花费情况抽样调查"

SOURCE: THE SAMPLING OF EXPENDITURES BY INTERNATIONAL VISITORS IN CHINA 2004

人均天消费情况

职业和目的分）

EXPENDITURE BY INTERNATIONAL TOURISTS

OCCUPATION & PURPOSE 2004

单位:美元/人天

UNIT:US $ /DAILY PER CAPITA

香港同胞 HONG KONG SAR	澳门同胞 MACAO SAR	台湾同胞 TAIWAN PROVINCE
119.83	**115.79**	**152.15**
133.77	—	—
106.64	100.00	152.78
118.06	116.74	153.58
131.37	131.20	153.70
104.46	54.98	134.27
119.43	121.39	152.98
120.45	108.21	150.18
153.08	147.13	152.07
125.09	136.37	137.86
127.82	117.26	153.25
88.91	67.35	141.87
138.85	144.51	173.30
118.20	100.10	156.14
109.48	79.11	126.49
97.19	82.44	139.89
190.00	90.12	303.29
84.81	107.14	118.86
112.14	121.31	151.57
130.23	122.39	148.80
121.70	106.96	164.94
91.44	87.95	143.40
126.23	155.39	155.20
172.62	145.95	183.52
123.40	53.82	178.13
125.34	227.61	153.59
72.31	91.72	110.81

四、国内旅游基本情况

4. STATISTICS OF DOMESTIC TOURISM

4－1　2004 年全国国内旅游基本情况

MAJOR STATISTICS OF DOMESTIC TOURISM 2004

	总人次数 (亿人次) DOMESTIC TRAVELERS(100Mn.)	＊出游率 (%) RATE (%)	总花费(亿元) DOMESTIC TOURISM EXPENDITURE (100Mn. RMB¥)	人均花费(元) AVERAGE EXPENDITURE PER CAPITA(RMB¥)
全国合计 TOTAL	**11.02**	**84.8**	**4 710.71**	**427.5**
城镇居民 URBAN RESIDENTS	4.59	126.6	3 359.04	731.8
农村农民 RURAL RESIDENTS	6.43	68.7	1 351.67	210.2
城镇居民 URBAN RESIDENTS	4.59	126.6	3 359.04	731.8
一季度 JAN.—MAR.	1.14	31.4	729.67	640.1
二季度 APR.—JUNE	1.10	30.2	822.48	747.7
二季度 JULY—SEP.	1.11	30.7	909.23	819.1
四季度 OCT.—DEC.	1.24	34.3	897.66	723.9

注：＊出游率指城镇居民或农村农民出游的人次数占其人口数的比重。

NOTE: ＊RATE IS THE RATIO THAT THE TOTAL AMOUNT OF THE URBAN CITIZENS OR THE RURAL HABITANTS COMPARES TO THE URBAN POPULATION OR THE RURAL POPULATION.

4－2　2004年城镇居民国内旅游情况(按城市分)

STATISTICS OF DOMESTIC TOURISM OF URBAN RESIDENTS BY MAJOR CITIES 2004

城　市 NAME OF CITY		人均花费(元) AVERAGE EXPENDITURE PER CAPITA	比上年增长(%) GROWTH (%)	出游率(%) RATE (%)	比上年增长(%) GROWTH (%)
总平均	**AVERAGE TOTAL**	**731.9**	**6.9**	**126.6**	**25.9**
北京	BEIJING	712.8	19.4	215.4	4.7
天津	TIANJIN	699.9	8.2	198.5	39.2
石家庄	SHIJIAZHUANG	490.3	-19.7	131.3	54.6
太原	TAIYUAN	1 031.1	28.1	114.2	147.7
呼和浩特	HOHHOT	954.8	36.8	93.1	10.6
沈阳	SHENYANG	361.7	-2.7	136.1	27.9
大连	DALIAN	366.4	9.0	150.1	35.2
长春	CHANGCHUN	1 492.7	-5.1	68.2	39.7
哈尔滨	HARBIN	1 246.9	-5.7	87.6	37.6
上海	SHANGHAI	1 013.1	-19.7	370.8	39.4
南京	NANJING	943.5	20.2	75.4	51.9
无锡	WUXI	1 085.5	26.3	93.6	29.9
苏州	SUZHOU	1 022.0	110.1	100.8	7.1
杭州	HANGZHOU	807.5	86.5	159.7	20.8
宁波	NINGBO	968.3	54.4	136.7	22.5
合肥	HEFEI	531.6	-26.8	104.3	47.4
福州	FUZHOU	794.7	39.6	102.9	35.8
厦门	XIAMEN	660.4	23.5	156.5	68.7
南昌	NANCHANG	973.3	-16.4	64.9	55.7
济南	JINAN	584.1	3.9	91.3	-8.0
青岛	QINGDAO	637.5	-0.6	121.0	-3.5
郑州	ZHENGZHOU	686.9	43.8	76.1	10.2
武汉	WUHAN	945.7	-8.2	120.6	58.7
长沙	CHANGSHA	1 080.2	10.5	88.3	17.4
广州	GUANGZHOU	712.4	-3.3	185.0	50.8
深圳	SHENZHEN	1 734.1	6.2	142.8	13.0
珠海	ZHUHAI	987.1	17.8	123.8	36.1
南宁	NANNING	1 034.9	24.0	91.9	5.4
桂林	GUILIN	686.7	9.0	101.3	-11.0
海口	HAIKOU	717.8	15.3	86.9	0.9
重庆	CHONGQING	662.5	7.9	187.5	43.3
成都	CHENGDU	600.2	74.3	128.0	-16.3
贵阳	GUIYANG	615.1	15.6	130.7	-17.3
昆明	KUNMING	547.4	4.5	139.8	4.6
西安	XI'AN	520.1	14.3	173.1	43.1
兰州	LANZHOU	668.5	-11.7	110.6	-3.0
西宁	XINING	2 442.0	-13.4	59.6	90.5
银川	YINCHUAN	1 296.8	4.0	67.5	32.3
乌鲁木齐	URUMQI	1 963.3	12.4	72.0	63.6

资料来源:2004年"城镇居民国内旅游抽样调查"
SOURCE: THE 2004 SAMPLING OF DOMESTIC TOURISM IN CHINA

4－3 2004年城镇居民出游情况(按性别、年龄分)

DOMESTIC TOURISM OF URBAN RESIDENTS BY SEX & AGE 2004

城市 NAME OF CITY		合计 TOTAL (%)	性别 SEX (%)		年龄 AGE (%)				
			男 MALE	女 FEMALE	65岁及以上 OVER 65	45～64岁 45－64	25～44岁 25－44	15～24岁 15－24	14岁及以下 UNDER 14
总平均	**AVERAGE TOTAL**	**100.0**	**45.8**	**54.2**	**7.6**	**41.8**	**34.2**	**10.2**	**7.0**
北京	BEIJING	100.0	46.3	53.7	7.2	50.2	28.4	10.8	3.4
天津	TIANJIN	100.0	44.8	55.2	6.6	38.6	32.3	15.0	7.5
石家庄	SHIJIAZHUANG	100.0	50.1	49.9	5.7	47.6	31.7	7.9	7.1
太原	TAIYUAN	100.0	45.3	54.7	7.0	32.6	38.2	8.5	13.7
呼和浩特	HOHHOT	100.0	47.6	52.4	7.6	40.0	41.5	3.0	7.9
沈阳	SHENYANG	100.0	39.7	60.3	3.8	47.6	28.2	14.6	5.8
大连	DALIAN	100.0	34.4	65.6	4.3	46.3	30.3	11.1	8.0
长春	CHANGCHUN	100.0	60.8	39.2	3.0	31.9	59.7	2.0	3.4
哈尔滨	HARBIN	100.0	44.3	55.7	5.4	47.0	41.1	5.0	1.5
上海	SHANGHAI	100.0	43.6	56.4	15.1	39.2	32.0	10.2	3.5
南京	NANJING	100.0	38.2	61.8	9.5	48.6	26.9	9.5	5.5
无锡	WUXI	100.0	53.0	47.0	14.2	34.6	38.7	6.1	6.4
苏州	SUZHOU	100.0	52.1	47.9	23.1	43.4	24.6	5.7	3.2
杭州	HANGZHOU	100.0	49.1	50.9	9.2	45.5	32.0	8.9	4.4
宁波	NINGBO	100.0	46.5	53.5	8.9	31.1	32.1	16.8	11.1
合肥	HEFEI	100.0	52.4	47.6	10.3	29.2	48.1	3.6	8.8
福州	FUZHOU	100.0	44.1	55.9	4.6	36.1	41.1	10.5	7.7
厦门	XIAMEN	100.0	40.2	59.8	9.0	36.5	39.1	9.0	6.4
南昌	NANCHANG	100.0	33.8	66.2	7.3	44.1	38.2	2.9	7.5
济南	JINAN	100.0	48.2	51.8	3.5	38.6	38.0	8.9	11.0
青岛	QINGDAO	100.0	46.4	53.6	12.4	39.8	36.6	4.5	6.7
郑州	ZHENGZHOU	100.0	49.6	50.4	18.5	42.3	23.1	7.9	8.2
武汉	WUHAN	100.0	47.5	52.5	4.3	43.5	35.5	9.7	7.0
长沙	CHANGSHA	100.0	47.4	52.6	2.5	54.2	33.0	8.4	1.9
广州	GUANGZHOU	100.0	46.9	53.1	6.3	34.7	35.5	7.9	15.6
深圳	SHENZHEN	100.0	48.2	51.8	2.8	24.6	53.5	15.1	4.0
珠海	ZHUHAI	100.0	52.2	47.8	6.1	20.3	53.0	5.3	15.3
南宁	NANNING	100.0	43.3	56.7	5.3	42.6	32.6	8.6	10.9
桂林	GUILIN	100.0	41.4	58.6	10.0	42.8	34.2	4.2	8.8
海口	HAIKOU	100.0	55.3	44.7	27.6	27.6	36.9	4.6	3.3
重庆	CHONGQING	100.0	43.7	56.3	5.9	42.4	35.1	10.8	5.8
成都	CHENGDU	100.0	48.0	52.0	3.9	44.4	34.3	8.1	9.3
贵阳	GUIYANG	100.0	45.5	54.5	6.8	37.2	36.7	10.2	9.1
昆明	KUNMING	100.0	49.8	50.2	13.8	32.5	38.3	7.2	8.2
西安	XI'AN	100.0	48.8	51.2	18.4	36.7	27.0	10.3	7.6
兰州	LANZHOU	100.0	52.6	47.4	5.6	49.1	29.4	11.2	4.7
西宁	XINING	100.0	41.0	59.0	2.5	46.1	46.1	5.1	0.2
银川	YINCHUAN	100.0	56.0	44.0	8.5	26.2	53.9	7.8	3.6
乌鲁木齐	URUMQI	100.0	43.9	56.1	6.8	30.1	46.5	8.6	8.0

资料来源:2004年"城镇居民国内旅游抽样调查"

SOURCE: THE 2004 SAMPLING OF DOMESTIC TOURISM IN CHINA

4－4　2004 年城镇居民出游

DOMESTIC TOURISM EXPENDITURE

城　市 NAME OF CITY		性别 SEX		
		男 MALE	女 FEMALE	65 岁及以上 OVER 65
总 平 均	**AVERAGE TOTAL**	**819.4**	**753.6**	**799.3**
北　京	BEIJING	939.4	821.2	1 231.0
天　津	TIANJIN	647.4	665.7	877.2
石家庄	SHIJIAZHUANG	572.6	609.6	1 133.8
太　原	TAIYUAN	1 029.7	1 212.0	905.6
呼和浩特	HOHHOT	1 304.5	867.0	2 580.6
沈　阳	SHENYANG	542.1	341.8	441.6
大　连	DALIAN	283.5	320.2	223.3
长　春	CHANGCHUN	1 459.3	1 448.8	1 144.0
哈尔滨	HARBIN	1 524.8	1 024.3	1 187.5
上　海	SHANGHAI	944.9	1 002.3	837.9
南　京	NANJING	827.0	1 064.4	1 656.6
无　锡	WUXI	1 878.3	922.6	1 066.5
苏　州	SUZHOU	969.8	808.1	584.1
杭　州	HANGZHOU	1 016.3	698.7	981.0
宁　波	NINGBO	892.4	1 040.4	344.5
合　肥	HEFEI	713.2	631.2	426.1
福　州	FUZHOU	702.8	729.9	365.5
厦　门	XIAMEN	775.3	890.9	936.8
南　昌	NANCHANG	972.4	1 106.0	1 069.4.8
济　南	JINAN	538.7	716.4	746.4
青　岛	QINGDAO	856.6	710.7	447.1
郑　州	ZHENGZHOU	789.2	767.1	1 353.1
武　汉	WUHAN	819.4	880.7	1 042.5
长　沙	CHANGSHA	1 421.7	1 161.7	968.4
广　州	GUANGZHOU	657.4	569.9	702.3
深　圳	SHENZHEN	2 073.3	2 031.9	1 120.03
珠　海	ZHUHAI	1 004.8	734.6	663.1
南　宁	NANNING	712.7	912.9	449.6
桂　林	GUILIN	773.5	821.1	217.0
海　口	HAIKOU	816.2	932.0	514.2
重　庆	CHONGQING	1 001.0	756.2	644.7
成　都	CHENGDU	509.5	558.9	348.8
贵　阳	GUIYANG	686.7	695.0	726.0
昆　明	KUNMING	513.0	367.6	573.1
西　安	XI'AN	520.4	559.6	308.0
兰　州	LANZHOU	516.9	501.2	699.4
西　宁	XINING	2 744.1	1 997.7	3 729.0
银　川	YINCHUAN	1 321.8	1 348.7	1 523.5
乌鲁木齐	URUMQI	1 785.4	2 583.4	5 763.0

资料来源:2004 年“城镇居民国内旅游抽样调查”

SOURCE: THE 2004 SAMPLING OF DOMESTIC TOURISM IN CHINA

花费情况(按性别、年龄分)

OF URBAN RESIDENTS BY SEX & AGE 2004

单位:元/人 UNIT:RMB￥/PERSON

年龄 AGE			
45～64 岁 45 - 64	25～44 岁 25 - 44	15～24 岁 15 - 24	14 岁及以下 UNDER 14
767.6	**897.3**	**675.6**	**454.9**
840.3	948.0	652.9	747.7
683.8	708.9	538.7	330.7
655.0	498.5	490.9	234.0
1 200.9	1 109.6	855.5	1 302.5
1 099.0	961.2	786.5	183.5
470.5	444.6	299.8	190.3
311.6	319.9	366.8	198.3
1 890.9	1 321.3	396.0	556.6
1 208.0	1 391.8	645.1	547.4
905.7	1 173.8	921.3	735.0
889.1	794.0	1 249.4	902.9
1 072.2	999.3	7 076.7	1 382.3
1 048.3	928.6	867.6	764.5
804.7	950.7	939.0	203.2
1 436.1	1 035.0	695.8	392.6
653.7	788.0	735.7	377.3
784.6	763.2	738.2	340.4
774.3	883.5	1 280.8	234.8
1 305.9	838.4	1 683.0	489.9
749.4	599.3	456.6	420.7
966.0	794.6	766.9	180.4
664.2	678.9	822.5	288.3
858.6	857.9	736.3	815.6
1 192.1	1 588.4	846.5	1 015.9
502.7	768.9	602.9	456.7
2 280.2	2 332.2	1 169.2	839.3
849.4	913.9	1 168.2	760.6
815.8	1 003.6	622.2	678.2
412.9	1 553.5	492.4	571.6
1 318.5	580.2	1 849.5	1 974.5
745.9	1 051.2	949.1	636.6
476.5	667.8	650.7	301.2
569.6	947.6	403.4	445.1
378.6	497.2	311.6	303.5
600.3	633.7	642.1	341.4
594.1	396.4	514.9	76.4
2 533.6	2 055.5	1 760.0	—
1 476.5	1 382.0	680.0	524.3
2 725.0	1 694.6	1 435.5	1 292.5

4－5　2004年城镇居民

DOMESTIC TOURISM OF URBAN

城　市 NAME OF CITY		合　计 TOTAL (%)	按出游目的分(%) 观光游览 SIGHTSEEING	探亲访友 VISITING RELATIVES & FRIENDS
总平均	**AVERAGE TOTAL**	**100.0**	**45.0**	**23.7**
北　京	BEIJING	100.0	46.9	12.2
天　津	TIANJIN	100.0	47.0	29.0
石家庄	SHIJIAZHUANG	100.0	42.9	37.1
太　原	TAIYUAN	100.0	58.8	21.2
呼和浩特	HOHHOT	100.0	26.1	49.2
沈　阳	SHENYANG	100.0	47.3	13.9
大　连	DALIAN	100.0	32.0	20.3
长　春	CHANGCHUN	100.0	32.9	23.7
哈尔滨	HARBIN	100.0	25.4	33.3
上　海	SHANGHAI	100.0	68.6	13.0
南　京	NANJING	100.0	72.1	25.2
无　锡	WUXI	100.0	42.8	36.7
苏　州	SUZHOU	100.0	50.7	36.2
杭　州	HANGZHOU	100.0	45.5	34.4
宁　波	NINGBO	100.0	67.8	10.3
合　肥	HEFEI	100.0	49.3	26.8
福　州	FUZHOU	100.0	47.0	28.1
厦　门	XIAMEN	100.0	36.2	42.0
南　昌	NANCHANG	100.0	55.8	22.0
济　南	JINAN	100.0	64.2	28.5
青　岛	QINGDAO	100.0	55.5	18.3
郑　州	ZHENGZHOU	100.0	45.6	41.7
武　汉	WUHAN	100.0	38.2	30.1
长　沙	CHANGSHA	100.0	37.2	42.3
广　州	GUANGZHOU	100.0	67.9	10.2
深　圳	SHENZHEN	100.0	42.8	26.4
珠　海	ZHUHAI	100.0	53.9	38.9
南　宁	NANNING	100.0	46.6	16.6
桂　林	GUILIN	100.0	31.4	28.5
海　口	HAIKOU	100.0	26.1	49.2
重　庆	CHONGQING	100.0	47.8	19.5
成　都	CHENGDU	100.0	19.3	21.0
贵　阳	GUIYANG	100.0	35.2	14.2
昆　明	KUNMING	100.0	41.7	18.4
西　安	XI'AN	100.0	36.3	36.7
兰　州	LANZHOU	100.0	49.4	26.7
西　宁	XINING	100.0	23.0	25.6
银　川	YINCHUAN	100.0	46.8	23.4
乌鲁木齐	URUMQI	100.0	42.2	28.4

资料来源:2004年"城镇居民国内旅游抽样调查"
SOURCE: THE 2004 SAMPLING OF DOMESTIC TOURISM IN CHINA

出游情况(按出游目的分)
RESIDENTS BY PURPOSE 2004

TRAVEL PURPOSE(%)

商 务 BUSINESS	公务会议 PUBLIC AFFAIRS & MEETING	度假休闲 HOLIDAY	宗教/朝拜 RELIGION PILGRIMAGE	文体科技交流 CULTURAL/SPORTS EXCHANGE PROGRAMME	其 他 OTHERS
1.4	**4.1**	**19.7**	**0.8**	**1.4**	**3.9**
1.5	5.8	30.7	0.2	1.2	1.5
2.9	5.8	6.9	0.3	1.9	6.2
0.7	6.1	7.5	0.3	2.5	2.9
0.7	1.4	7.0	—	3.5	7.4
—	6.1	13.8	—	—	4.8
1.0	3.2	31.3	0.4	0.9	2.0
0.1	2.6	36.4	1.0	0.1	7.5
14.4	16.4	11.3	—	1.0	0.3
0.3	7.0	24.3	0.3	3.9	5.5
0.4	1.1	11.9	3.9	—	1.1
—	—	0.0	—	0.8	1.9
2.0	4.0	6.1	—	—	8.4
1.4	—	1.4	1.4	2.8	6.1
3.2	7.7	3.5	—	2.0	3.7
1.9	0.4	10.8	0.9	1.9	6.0
5.4	4.2	4.2	3.6	1.8	4.7
—	4.6	12.6	2.9	1.2	3.6
1.8	3.2	7.9	4.3	0.3	4.3
2.9	4.4	10.2	1.4	—	3.3
0.5	—	2.3	—	0.5	4.0
2.6	3.2	12.4	0.6	3.9	3.5
—	—	5.9	—	1.3	5.5
0.6	1.5	24.1		2.1	3.4
0.8	1.6	10.1	1.6	3.3	3.1
0.5	1.3	15.6	1.3	1.9	1.3
1.2	8.7	12.8	1.5	2.3	4.3
3.5	—	—	—	1.7	2.0
2.6	6.6	18.6	2.6	1.3	5.1
0.0	2.8	27.1	—	—	10.2
0.0	1.5	1.5	7.6	—	14.1
0.4	8.0	21.0	0.3	2.1	0.9
2.9	4.9	50.8	0.1	0.1	0.9
2.9	4.4	36.7	0.4	0.4	5.8
0.5	2.8	32.8	0.2	1.1	2.5
0.5	2.2	14.7	1.8	1.8	6.0
0.8	3.4	9.6	0.2	0.2	9.7
2.5	7.6	23.0	—	2.5	15.8
4.2	6.3	14.8	—	1.4	3.1
—	5.1	20.6	—	—	3.7

4－6　2004 年城镇居民

DOMESTIC TOURISM EXPENDITURE OF

城　　市 NAME OF CITY		观光游览 SIGHTSEEING	探亲访友 VISITING RELATIVES & FRIENDS	商　　务 BUSINESS
总平均	**AVERAGE TOTAL**	**847.8**	**611.6**	**1587.5**
北　京	BEIJING	822.0	736.6	2 643.5
天　津	TIANJIN	633.4	428.1	2 106.8
石家庄	SHIJIAZHUANG	719.9	342.2	1 692.4
太　原	TAIYUAN	1 431.5	572.3	330.0
呼和浩特	HOHHOT	1 284.8	973.5	—
沈　阳	SHENYANG	374.1	406.9	759.2
大　连	DALIAN	383.3	385.1	110.0
长　春	CHANGCHUN	1 561.9	842.8	1 334.5
哈尔滨	HARBIN	1 142.9	750.2	4 235.0
上　海	SHANGHAI	963.8	667.6	1 333.8
南　京	NANJING	998.3	917.9	—
无　锡	WUXI	1 234.6	898.7	269.5
苏　州	SUZHOU	1 150.8	460.3	1 650.0
杭　州	HANGZHOU	942.2	467.0	1 536.4
宁　波	NINGBO	920.1	1 126.4	2 352.9
合　肥	HEFEI	672.5	425.8	738.1
福　州	FUZHOU	805.1	454.6	—
厦　门	XIAMEN	1 130.4	509.9	1 480.6
南　昌	NANCHANG	1 185.8	1 061.5	660.0
济　南	JINAN	665.5	526.8	1 408.0
青　岛	QINGDAO	807.4	662.1	1 807.9
郑　州	ZHENGZHOU	843.9	667.6	—
武　汉	WUHAN	1 046.7	715.0	660.0
长　沙	CHANGSHA	2 336.5	536.1	1 760.0
广　州	GUANGZHOU	666.8	738.8	668.0
深　圳	SHENZHEN	2 334.0	1 645.5	1 702.8
珠　海	ZHUHAI	807.6	960.1	1 051.9
南　宁	NANNING	751.7	693.7	325.1
桂　林	GUILIN	952.8	741.2	—
海　口	HAIKOU	2 089.9	469.5	—
重　庆	CHONGQING	1 023.3	481.4	378.4
成　都	CHENGDU	572.2	515.7	1 184.8
贵　阳	GUIYANG	460.8	833.6	2 563.0
昆　明	KUNMING	607.4	513.2	3 382.5
西　安	XI'AN	675.0	388.8	1 288.1
兰　州	LANZHOU	372.3	661.1	1 224.7
西　宁	XINING	3 180.2	1 547.6	5 500.0
银　川	YINCHUAN	1 346.6	857.0	1 283.32
乌鲁木齐	URUMQI	2 786.3	1 206.2	—

资料来源:2004 年"城镇居民国内旅游抽样调查"

SOURCE: THE 2004 SAMPLING OF DOMESTIC TOURISM IN CHINA

出游花费情况(按出游目的分)
URBAN RESIDENTS BY PURPOSE 2004

单　位:元/人
UNIT:RMB¥/PERSON

公务会议 PUBLIC AFFAIRS & MEETING	度假休闲 HOLIDAY	宗教/朝拜 RELIGION PILGRIMAGE	文体科技交流 CULTURAL/SPORTS EXCHANGE PROGRAMME	其　他 OTHERS
1 623.7	**533.5**	**685.5**	**1 504.0**	**928.6**
1 524.8	770.7	882.2	2 063.0	376.2
901.2	773.9	209.0	549.6	949.0
999.5	803.9	165.0	378.4	387.5
2 138.4	870.7	—	470.8	757.9
1 210.0	957.4	—	—	1 156.5
2 075.8	286.8	118.5	409.0	1 034.1
1 139.7	161.3	78.1	1 100.0	206.5
2 353.8	1 353.5	—	550.0	—
1 632.3	1 421.9	2 200.0	4 026.7	1 189.0
2 885.1	1 219.1	869.5	—	1 160.5
—	—	—	1 100.0	660.0
2 112.0	256.7	—	—	5 672.2
—	1 210.0	1 604.9	126.5	1 268.6
881.9	2 055.8	—	3 080.9	224.8
605.0	885.8	192.5	438.9	1 354.2
1 071.1	755.9	330.9	974.6	1 861.4
1 746.4	348.5	643.0	502.3	1 820.1
1 892.2	456.1	1 578.7	22.0	676.6
1 309.0	691.6	188.1	—	440.0
—	113.3	—	1 540.0	900.2
1 438.6	573.2	165.0	600.4	567.6
—	615.5	—	1 251.0	1 143.7
1 442.2	639.1	—	833.0	1 196.2
1 842.5	647.2	362.5	1 546.3	636.2
997.0	346.2	273.0	235.1	226.2
2 077.1	1 012.8	3 333.0	6 263.9	2 175.8
—	—	—	924.0	693.0
2 204.6	673.5	753.5	1 009.3	960.8
1 779.3	621.2	—	—	707.1
4 400.0	165.0	158.4	—	55.5
1 785.0	367.1	121.0	1 411.8	5 210.3
963.7	428.9	88.0	220.0	2 996.0
3 430.3	351.5	31.9	3 850.0	651.1
1 180.5	107.6	25.3	100.1	77.5
1 145.9	301.0	9.6	2 049.0	661.1
1 771.0	227.5	330.0	4 092.0	463.9
3 655.7	1 728.3	—	2 310.0	1 903.7
3 027.8	1 481.6	—	1 199.0	605.8
7 172.9	1 027.4	—	—	3 737.3

4－7　2004 年城镇居民

DOMESTIC TOURISM OF URBAN

城　市 NAME OF CITY		合　计 TOTAL (%)	按职业分(%)	
			公务员 OFFICIAL	企事业管理人员 MANAGEMENT
总 平 均	**AVERAGE TOTAL**	**100.0**	**5.5**	**13.3**
北　京	BEIJING	100.0	8.4	14.4
天　津	TIANJIN	100.0	3.8	13.5
石 家 庄	SHIJIAZHUANG	100.0	12.2	5.4
太　原	TAIYUAN	100.0	2.8	2.1
呼和浩特	HOHHOT	100.0	12.3	21.5
沈　阳	SHENYANG	100.0	3.1	12.7
大　连	DALIAN	100.0	2.4	7.6
长　春	CHANGCHUN	100.0	15.4	30.9
哈 尔 滨	HARBIN	100.0	6.6	10.5
上　海	SHANGHAI	100.0	2.5	15.1
南　京	NANJING	100.0	0.8	7.8
无　锡	WUXI	100.0	4.0	10.2
苏　州	SUZHOU	100.0	1.4	13.0
杭　州	HANGZHOU	100.0	5.6	10.1
宁　波	NINGBO	100.0	6.4	15.8
合　肥	HEFEI	100.0	12.1	25.0
福　州	FUZHOU	100.0	7.9	12.1
厦　门	XIAMEN	100.0	1.8	15.2
南　昌	NANCHANG	100.0	2.9	27.9
济　南	JINAN	100.0	7.7	13.0
青　岛	QINGDAO	100.0	4.5	22.8
郑　州	ZHENGZHOU	100.0	13.9	5.2
武　汉	WUHAN	100.0	3.8	11.9
长　沙	CHANGSHA	100.0	7.6	22.0
广　州	GUANGZHOU	100.0	3.3	17.2
深　圳	SHENZHEN	100.0	18.9	23.5
珠　海	ZHUHAI	100.0	5.3	15.0
南　宁	NANNING	100.0	6.6	12.6
桂　林	GUILIN	100.0	10.0	25.7
海　口	HAIKOU	100.0	3.0	7.6
重　庆	CHONGQING	100.0	5.9	13.8
成　都	CHENGDU	100.0	1.0	13.2
贵　阳	GUIYANG	100.0	5.3	12.2
昆　明	KUNMING	100.0	3.1	13.8
西　安	XI'AN	100.0	3.5	9.4
兰　州	LANZHOU	100.0	3.4	10.1
西　宁	XINING	100.0	23.0	7.6
银　川	YINCHUAN	100.0	7.8	4.9
乌鲁木齐	URUMQI	100.0	6.8	4.3

资料来源:2004 年"城镇居民国内旅游抽样调查"

SOURCE: THE 2004 SAMPLING OF DOMESTIC TOURISM IN CHINA

出游情况(按职业分)

RESIDENTS BY OCCUPATION 2004

BY OCCUPATION(%)					
专业技术人员 PROFESSIONAL	服务销售人员 WAITER SALESMAN	工 人 TECHNICIAN WORKER	离退休人员 RETIRED	学 生 STUDENT	其 他 OTHERS
13.5	**7.4**	**12.0**	**22.8**	**12.3**	**13.2**
12.6	8.2	9.0	24.1	9.9	13.4
9.4	8.8	15.7	24.6	13.8	10.4
20.9	9.0	12.2	18.0	11.9	10.4
29.0	2.1	17.0	19.1	17.7	10.2
20.0	1.5	1.5	21.5	9.2	12.5
10.2	8.8	13.9	16.1	12.7	22.5
8.5	9.0	10.9	29.4	12.7	19.5
14.4	10.3	8.2	8.2	4.1	8.5
10.5	5.8	13.3	26.2	5.4	21.7
10.9	8.8	12.1	34.1	10.5	6.0
15.6	8.6	5.2	33.9	11.3	16.8
4.0	2.0	18.3	42.8	12.2	6.5
4.3	4.3	17.3	44.9	7.2	7.6
11.6	8.9	9.5	29.0	9.8	15.5
16.8	6.4	9.4	22.7	17.8	4.7
7.9	8.5	10.9	18.9	8.5	8.2
13.8	5.4	10.5	26.4	12.1	11.8
13.7	5.7	4.3	28.6	9.7	21.0
7.3	5.8	7.3	20.5	5.8	22.5
22.6	3.5	8.3	21.4	13.0	10.5
15.0	3.2	8.4	21.5	4.5	20.1
9.2	1.9	9.2	39.7	10.5	10.4
12.3	12.4	10.2	22.2	13.8	13.4
13.5	7.6	10.1	6.7	9.3	23.2
14.5	3.3	12.6	16.2	18.4	14.5
24.3	10.2	3.5	4.6	8.9	6.1
14.1	14.1	3.5	15.9	18.5	13.6
21.3	3.3	10.0	20.6	17.3	8.3
7.1	7.1	5.7	24.2	11.4	8.8
15.3	3	23.0	30.7	7.6	9.8
14.8	6.9	12.5	22.6	12.1	11.4
16.6	8.5	12.0	23.2	15.2	10.3
17.1	7.3	8.3	23.5	15.6	10.7
12.1	7.2	5.1	27.6	11.5	19.6
12.1	4.4	20.1	27.5	12.5	10.5
16.5	5.0	24.8	16.0	12.2	12.0
17.9	—	10.2	17.9	5.1	18.3
14.8	8.5	21.9	20.5	10.6	11.0
22.4	12.9	14.6	20.6	15.5	2.9

4－8　2004年城镇居民

DOMESTIC TOURISM EXPENDITURE OF

城　市 NAME OF CITY		公务员 OFFICIAL	企事业管理人员 MANAGEMENT	专业技术人员 PROFESSIONAL	服务销售人员 WAITER SALESMAN
总平均	**AVERAGE TOTAL**	**1 274.3**	**937.0**	**1 159.7**	**745.5**
北　京	BEIJING	1 242.6	1 025.7	1 035.1	797.0
天　津	TIANJIN	1 103.4	989.2	1 126.3	677.4
石家庄	SHIJIAZHUANG	607.6	720.9	549.5	695.0
太　原	TAIYUAN	1 328.3	5 159.7	1 181.1	302.5
呼和浩特	HOHHOT	913.4	475.5	1 669.1	1 980.0
沈　阳	SHENYANG	1 805.0	588.8	423.8	288.7
大　连	DALIAN	177.5	363.9	569.4	216.5
长　春	CHANGCHUN	1 053.7	1 571.2	1 088.2	1 841.7
哈尔滨	HARBIN	2 238.8	1 617.2	1 731.4	1 516.2
上　海	SHANGHAI	726.0	1 247.4	1 701.1	1 386.3
南　京	NANJING	2 530.0	782.2	1 251.4	640.2
无　锡	WUXI	2 750.0	794.2	1 605.5	269.5
苏　州	SUZHOU	1 100.0	1 072.3	266.9	1 004.7
杭　州	HANGZHOU	1 943.3	1 048.1	1 402.0	899.8
宁　波	NINGBO	1 583.2	1 327.0	1 155.8	1 238.2
合　肥	HEFEI	618.9	798.1	930.5	612.7
福　州	FUZHOU	731.7	848.1	987.6	713.5
厦　门	XIAMEN	1 539.8	1 051.2	1 131.7	786.2
南　昌	NANCHANG	423.0	873.4	2 568.3	943.3
济　南	JINAN	511.8	962.2	873.0	175.6
青　岛	QINGDAO	1 414.6	711.1	985.0	867.2
郑　州	ZHENGZHOU	479.5	703.0	794.8	495.0
武　汉	WUHAN	1 200.8	1 005.0	1 196.0	750.8
长　沙	CHANGSHA	1 995.2	1 144.3	2 006.5	715.9
广　州	GUANGZHOU	597.8	551.0	774.5	435.3
深　圳	SHENZHEN	2 021.8	1 835.0	2 852.0	1 786.2
珠　海	ZHUHAI	588.0	1 131.2	1 300.5	637.5
南　宁	NANNING	1 613.8	784.5	784.4	992.4
桂　林	GUILIN	1 119.8	784.9	1 363.6	569.4
海　口	HAIKOU	2 282.5	862.6	1 351.1	2 390.9
重　庆	CHONGQING	1 812.9	921.7	1 408.7	809.4
成　都	CHENGDU	1 090.7	561.8	847.5	612.1
贵　阳	GUIYANG	749.1	1 087.5	1 154.3	388.4
昆　明	KUNMING	623.1	605.0	497.1	533.5
西　安	XI'AN	771.2	769.5	922.4	526.3
兰　州	LANZHOU	1 039.1	581.0	538.5	363.8
西　宁	XINING	2 388.8	2 405.3	3 040.1	—
银　川	YINCHUAN	1 937.8	1 517.2	1 679.9	751.6
乌鲁木齐	URUMQI	2 399.1	3 089.9	3 708.5	1 415.2

资料来源:2004 年"城镇居民国内旅游抽样调查"

SOURCE: THE 2004 SAMPLING OF DOMESTIC TOURISM IN CHINA

出游花费情况(按职业分)

URBAN RESIDENTS BY OCCUPATION 2004

单位:元/人 UNIT:RMB¥/PERSON

工 人 TECHNICIAN WORKER	离退休人员 RETIRED	学 生 STUDENT	其 他 OTHERS
571.7	**695.7**	**556.5**	**609.3**
698.2	872.2	567.3	724.2
489.2	612.1	369.7	352.1
479.4	861.3	432.9	334.6
801.4	1 039.0	1 182.7	561.6
61.6	1 520.8	378.4	1 081.6
292.3	336.9	335.2	372.1
280.0	311.9	126.2	366.0
2 232.3	1 677.5	442.2	1 369.0
383.1	1 555.6	609.0	754.8
770.7	732.3	742.2	674.0
596.6	1 071.3	911.2	856.1
916.5	1 005.8	4 229.5	753.5
1 619.7	596.9	603.9	1 211.1
744.8	781.9	378.6	381.2
1 046.0	690.5	536.6	761.7
672.2	474.1	502.5	843.6
627.2	577.4	598.0	781.7
328.0	765.3	664.3	769.8
828.7	1 212.2	1 066.2	846.9
310.0	635.0	521.1	309.0
367.7	659.2	364.6	940.7
1 030.2	937.8	552.3	643.5
686.2	728.2	833.6	735.2
651.8	2 169.2	599.5	1 245.0
592.9	606.1	511.9	704.0
1 307.4	1 794.9	1 230.8	2 078.3
209.6	933.4	781.6	789.7
541.9	556.6	690.6	1 623.5
1 031.3	452.4	483.5	1 463.9
163.1	769.4	1 899.5	317.9
598.0	495.5	629.9	905.5
282.6	506.0	454.4	353.0
369.3	541.7	480.9	581.2
317.4	527.4	294.7	216.0
424.5	360.7	643.3	397.4
581.6	483.1	250.5	368.4
2 552.6	2 094.2	1 760.0	1 874.4
1 482.3	1 644.3	578.1	647.5
940.7	2 740.2	1 077.1	1 846.2

4-9　2004年农村居民国内旅游基本情况(按地区分)

STATISTICS OF DOMESTIC TOURISM OF RURAL RESIDENTS BY LOCALITY 2004

地　区 LOCALITY		过夜游出游率(%) OVER NIGHT TRAVEL RATE	一日游出游率(%) SAME DAY TRAVEL RATE	过夜游人均花费(元/人) OVER NIGHT TRAVEL EXPENDITURE	一日游人均花费(元/人) SAME DAY TRAVEL EXPENDITURE
总平均	**AVERAGE TOTAL**	**13.4**	**56.0**	**630.0**	**108.0**
北京	BEIJING	5.9	37.5	1 738.6	144.1
天津	TIANJIN	6.5	41.6	668.6	281.7
河北	HEBEI	4.4	22.9	545.8	106.4
山西	SHANXI	5.4	31.1	614.5	82.6
内蒙古	INNERMONGOLIA	12.7	48.8	854.3	149.7
辽宁	LIAONING	11.3	65.4	729.5	105.0
吉林	JILIN	10.6	40.1	328.1	76.5
黑龙江	HEILONGJIANG	5.3	56.1	434.0	184.2
上海	SHANGHAI	13.0	61.1	1 796.1	173.9
江苏	JIANGSU	10.2	101.0	824.7	114.2
浙江	ZHEJIANG	11.1	47.0	938.3	148.1
安徽	ANHUI	18.4	55.0	488.5	83.7
福建	FUJIAN	19.0	97.5	1 123.8	121.0
江西	JIANGXI	14.1	37.9	439.0	51.8
山东	SHANDONG	7.3	34.9	719.8	133.4
河南	HENAN	8.1	65.0	738.5	83.4
湖北	HUBEI	16.7	81.4	508.4	85.9
湖南	HUNAN	32.5	45.9	377.9	90.7
广东	GUANGDONG	16.9	49.3	692.6	118.4
广西	GUANGXI	17.0	25.4	457.4	83.7
海南	HAINAN	14.3	48.7	452.9	125.1
重庆	CHONGQING	15.6	40.7	425.6	83.0
四川	SICHUAN	14.8	76.2	497.9	83.0
贵州	GUIZHOU	11.2	19.6	535.9	75.4
云南	YUNNAN	26.8	78.0	570.5	90.6
西藏	TIBET	—	—	—	—
陕西	SHAANXI	7.5	32.5	569.6	47.8
甘肃	GANSU	13.4	76.5	611.1	99.2
青海	QINGHAI	7.7	47.8	317.3	57.6
宁夏	NINGXIA	11.1	26.0	462.2	59.6
新疆	XINJIANG	17.3	189.4	1 188.5	156.6

资料来源:2004年"农村居民国内旅游抽样调查"
SOURCE: THE 2004 SAMPLING OF DOMESTIC TOURISM IN CHINA

五、地方接待入境旅游者情况

5. DISTRIBUTION OF INTERNATIONAL TOURISTS TO LOCALITY

5-1 2003～2004 年各地区接待
INTERNATIONAL TOURISTS

地　区 LOCALITY	2004 年总计 TOTAL 2004		
	人　数 (人次) ARRIVAL	人天数 (人天) NIGHTS	平均停留 (天) AVERAGE STAY
总　计　TOTAL	**43 937 088**	**114 231 053**	**2.60**
北　京　BEIJING	3 154 950	13 124 592	4.16
天　津　TIANJIN	615 900	2 291 041	3.72
河　北　HEBEI	580 662	1 304 004	2.25
山　西　SHANXI	295 767	541 104	1.83
内蒙古　INNER MONGOLIA	799 861	1 525 448	1.91
辽　宁　LIAONING	1 080 809	3 315 279	3.07
吉　林　JILIN	323 981	600 431	1.85
黑龙江　HEILONGJIANG	732 838	1 674 652	2.29
上　海　SHANGHAI	3 854 505	13 298 065	3.45
江　苏　JIANGSU	3 065 716	11 799 041	3.85
浙　江　ZHEJIANG	2 766 680	6 854 416	2.48
安　徽　ANHUI	500 966	803 919	1.60
福　建　FUJIAN	1 728 997	6 721 010	3.89
江　西　JIANGXI	287 744	605 015	2.10
山　东　SHANDONG	1 193 101	3 074 915	2.58
河　南　HENAN	450 175	952 446	2.12
湖　北　HUBEI	611 859	1 069 442	1.75
湖　南　HUNAN	553 365	1 868 432	3.38
广　东　GUANGDONG	15 636 526	31 899 021	2.04
广　西　GUANGXI	1 175 835	1 706 281	1.45
海　南　HAINAN	308 638	556 000	1.80
重　庆　CHONGQING	434 423	1 172 776	2.70
四　川　SICHUAN	966 241	1 701 383	1.76
贵　州　GUIZHOU	231 023	502 114	2.17
云　南　YUNNAN	1 100 994	1 911 976	1.74
西　藏　TIBET	95 816	242 560	2.53
陕　西　SHAANXI	800 192	2 073 014	2.59
甘　肃　GANSU	236 708	298 981	1.26
青　海　QINGHAI	28 875	72 166	2.50
宁　夏　NINGXIA	7 041	13 629	1.94
新　疆　XINJIANG	316 900	657 900	2.08

入境旅游者情况

BY LOCALITY 2003—2004

2003年总计 TOTAL 2003			2004年比2003年增减 INCREASE		
人 数 (人次) ARRIVAL	人天数 (人天) NIGHTS	平均停留 (天) AVERAGE STAY	人 数 (%) ARRIVAL (%)	人天数 (%) NIGHTS (%)	平均停留 (天) AVERAGE STAY
30 169 273	**80 121 398**	**2.66**	**45.64**	**42.57**	**-0.06**
1 851 245	8 047 678	4.35	70.42	63.09	-0.19
489 017	1 760 094	3.60	25.95	30.17	0.12
280 256	633 002	2.26	107.19	106.00	-0.01
116 045	239 497	2.06	154.87	125.93	-0.23
413 635	826 587	2.00	93.37	84.55	-0.09
778 943	2 486 795	3.19	38.75	33.32	-0.13
211 699	415 637	1.96	53.04	44.46	-0.11
587 127	1 378 325	2.35	24.82	21.50	-0.06
2 447 089	8 882 933	3.63	57.51	49.70	-0.18
2 231 632	8 385 186	3.76	37.38	40.71	0.09
1 808 317	4 717 155	2.61	53.00	45.31	-0.13
280 819	473 417	1.69	78.39	69.81	-0.08
1 497 164	5 462 305	3.65	15.48	23.04	0.24
165 560	356 374	2.15	73.80	69.77	-0.05
776 725	2 052 700	2.64	53.61	49.80	-0.07
188 576	447 827	2.37	138.72	112.68	-0.26
405 214	799 824	1.97	51.00	33.71	-0.23
153 931	269 506	1.75	259.49	593.28	1.63
11 969 596	25 866 293	2.16	30.64	23.32	-0.12
650 192	987 635	1.52	80.84	72.76	-0.07
293 377	509 440	1.74	5.20	9.14	0.06
234 521	662 697	2.83	85.24	76.97	-0.13
451 713	892 852	1.98	113.91	90.56	-0.22
77 045	180 697	2.35	199.85	177.88	-0.17
1 000 101	1 603 080	1.60	10.09	19.27	0.13
51 120	127 797	2.50	87.43	89.80	0.03
465 808	1 120 870	2.41	71.79	84.95	0.18
101 501	136 413	1.34	133.21	119.17	-0.08
17 711	37 548	2.12	63.03	92.20	0.38
3 049	6 724	2.21	130.93	102.69	-0.27
170 545	354 510	2.08	85.82	85.58	0.00

5-2 2004年各地区接待

BREAKDOWN OF INTERNATIONAL

地区 LOCALITY		外国人 FOREIGNERS			香港 HONG
		人数（人次） ARRIVAL	人天数（人天） NIGHTS	平均停留（天） AVERAGE STAY	人数（人次） ARRIVAL
总计	**TOTAL**	**24 419 206**	**69 698 647**	**2.85**	**12 299 349**
北京	BEIJING	2 680 990	11 394 208	4.25	277 463
天津	TIANJIN	559 291	1 797 487	3.21	21 178
河北	HEBEI	536 486	1 214 551	2.26	18 773
山西	SHANXI	182 197	348 973	1.92	46 159
内蒙古	INNER MONGOLIA	791 091	1 511 348	1.91	3 576
辽宁	LIAONING	937 671	2 951 390	3.15	62 196
吉林	JILIN	276 654	511 239	1.85	22 781
黑龙江	HEILONGJIANG	692 773	1 591 695	2.30	21 171
上海	SHANGHAI	3 196 707	11 188 474	3.50	312 832
江苏	JIANGSU	2 142 380	8 312 532	3.88	353 947
浙江	ZHEJIANG	1 776 392	4 424 957	2.49	409 385
安徽	ANHUI	319 705	549 127	1.72	63 194
福建	FUJIAN	629 173	2 400 413	3.82	565 927
江西	JIANGXI	93 965	215 978	2.30	95 890
山东	SHANDONG	961 697	2 584 360	2.69	116 112
河南	HENAN	241 213	484 262	2.01	79 462
湖北	HUBEI	501 873	849 071	1.69	52 817
湖南	HUNAN	412 344	1 484 877	3.60	50 005
广东	GUANGDONG	3 776 843	8 490 139	2.25	8 924 497
广西	GUANGXI	693 765	1 057 211	1.52	167 055
海南	HAINAN	183 845	357 824	1.95	76 817
重庆	CHONGQING	338 892	945 057	2.79	55 959
四川	SICHUAN	546 463	1 008 841	1.85	130 357
贵州	GUIZHOU	76 335	168 347	2.21	63 631
云南	YUNNAN	732 227	1 321 750	1.81	156 648
西藏	TIBET	88 797	225 450	2.54	1 962
陕西	SHAANXI	609 316	1 488 215	2.44	85 555
甘肃	GANSU	151 366	199 299	1.32	36 596
青海	QINGHAI	12 350	37 728	3.05	4 956
宁夏	NINGXIA	5 446	10 659	1.96	661
新疆	XINJIANG	270 959	573 185	2.12	21 787

入境旅游者构成
TOURISTS BY LOCALITY 2004

同胞 KONG SAR		澳门同胞 MACAO SAR			台湾同胞 TAIWAN PROVINCE		
人天数 (人天) NIGHTS	平均停留 (天) AVERAGE STAY	人　数 (人次) ARRIVAL	人天数 (人天) NIGHTS	平均停留 (天) AVERAGE STAY	人　数 (人次) ARRIVAL	人天数 (人天) NIGHTS	平均停留 (天) AVERAGE STAY
26 815 523	**2.18**	**1 290 453**	**2 788 137**	**2.16**	**5 928 080**	**14 928 746**	**2.52**
946 148	3.41	13 037	43 022	3.30	183 460	741 214	4.04
145 983	6.89	2 511	19 732	7.86	32 920	327 839	9.96
37 115	1.98	4 738	9 082	1.92	20 665	43 256	2.09
74 539	1.61	22 497	37 813	1.68	44 914	79 779	1.78
6 078	1.70	2 880	4 320	1.50	2 314	3 702	1.60
159 242	2.56	6 733	12 510	1.86	74 209	192 137	2.59
45 487	2.00	629	1 489	2.37	23 917	42 216	1.77
47 348	2.24	3 104	6 255	2.02	15 790	29 354	1.86
907 213	2.90	16 672	53 350	3.20	328 294	1 149 028	3.50
1 204 002	3.40	30 867	76 825	2.49	538 522	2 205 682	4.10
999 810	2.44	47 132	117 652	2.50	533 771	1 311 997	2.46
93 487	1.48	8 926	15 683	1.76	109 141	145 622	1.33
2 624 661	4.64	42 371	185 518	4.38	491 526	1 510 418	3.07
184 096	1.92	32 676	62 680	1.92	65 213	142 261	2.18
217 851	1.88	9 059	17 101	1.89	106 233	255 603	2.41
180 891	2.28	40 494	73 223	1.81	89 006	214 070	2.41
111 535	2.11	4 269	6 699	1.57	52 900	102 137	1.93
122 271	2.45	5 898	11 984	2.03	85 118	249 300	2.93
17 306 494	1.94	874 891	1 787 449	2.04	2 060 295	4 314 939	2.09
241 211	1.44	18 852	27 615	1.46	296 163	380 244	1.28
110 068	1.43	4 276	6 097	1.43	43 700	82 011	1.88
131 953	2.36	940	2 822	3.00	38 632	92 944	2.41
227 831	1.75	34 966	70 872	2.03	254 455	393 839	1.55
135 069	2.12	3 321	8 249	2.48	87 736	190 449	2.17
263 686	1.68	28 914	65 263	2.26	183 205	261 277	1.43
4 920	2.51	1 470	3 531	2.40	3 587	8 659	2.41
190 895	2.23	18 047	45 174	2.50	87 274	348 730	4.00
42 766	1.17	7 250	9 897	1.37	41 496	47 019	1.13
11 744	2.37	2 694	5 484	2.04	8 875	17 210	1.94
1 275	1.93	12	18	1.50	922	1 677	1.82
39 854	1.83	327	728	2.23	23 827	44 133	1.85

5－3 2004年各地区接待
FOREIGN TOURISTS BY

地区 LOCALITY		合计 TOTAL	#日本 JAPAN	#韩国 KOREA	#马来西亚 MALA-YSIA	#菲律宾 PHILIP-PINE	#新加坡 SINGA-PORE
总计	**TOTAL**	**24 419 206**	**6 196 070**	**3 096 399**	**1 345 933**	**154 007**	**920058**
北京	BEIJING	2 680 990	475 038	370 095	71 619	10 719	60 769
天津	TIANJIN	559 291	173 670	153 348	17 505	2 869	15 200
河北	HEBEI	536 486	89 308	51 129	83 205	4 471	13 663
山西	SHANXI	182 197	48 778	14 189	10 511	814	8 917
内蒙古	INNER MONGOLIA	791 091	40 940	7 585	2013	0	3 178
辽宁	LIAONING	937 671	486 880	184 135	10 114	2 867	17 880
吉林	JILIN	276 654	40 356	46 738	64 945	1 126	25 340
黑龙江	HEILONGJIANG	692 773	105 945	39 317	9 549	628	12 893
上海	SHANGHAI	3 196 707	1 218 810	267 145	94 738	21 078	122 606
江苏	JIANGSU	2 142 380	597 611	314 676	223 271	11 159	105 585
浙江	ZHEJIANG	1 776 392	411 210	341 188	112 897	18 050	62 289
安徽	ANHUI	319 705	64 258	56 993	25 823	2 049	21 849
福建	FUJIAN	629 173	179 828	48 341	100 088	29 382	73 905
江西	JIANGXI	93 965	17 182	6 416	3 153	674	5 753
山东	SHANDONG	961 697	29 2149	356 957	26 999	4 997	34 313
河南	HENAN	241 213	45 790	18 192	17 849	4 943	11 295
湖北	HUBEI	501 873	117 944	43 888	14 000	4 281	14 556
湖南	HUNAN	412 344	12 643	268 975	2 203	1 506	1 983
广东	GUANGDONG	3 776 843	1 031 685	158 948	163 250	15 908	134 408
广西	GUANGXI	693 765	122 799	69 314	106 349	1 706	9 675
海南	HAINAN	183 845	18 284	40 435	11 173	728	11 726
重庆	CHONGQING	338 892	95 391	40 352	14 264	860	13 216
四川	SICHUAN	546 463	145 622	39 754	47 484	2 643	61 566
贵州	GUIZHOU	76 335	11 334	3 942	3 259	1 100	6 159
云南	YUNNAN	732 227	77 733	46 624	75 305	3 929	50 613
西藏	TIBET	88 797	13 156	3 031	1 337	187	1 641
陕西	SHAANXI	609 316	156 194	87 572	21 442	3 867	6 961
甘肃	GANSU	151 366	33 912	5 892	7 371	1 053	6 585
青海	QINGHAI	12 350	1 670	675	254	145	327
宁夏	NINGXIA	5 446	1 734	228	224	65	125
新疆	XINJIANG	270 959	68 215	10 326	3 739	201	5 083

外国旅游者人数(按国籍分)

LOCALITY & NATIONALITY 2004

单　位:人次

UNIT:PERSON

♯泰　国 THAI-LAND	♯美　国 U.S.A.	♯加拿大 CANADA	♯英　国 U.K.	♯法　国 FRANCE	♯德　国 GERMANY	♯俄罗斯 RUSSIA	♯澳大利亚 AUS-TRALIA
550 233	**2 213 800**	**433 707**	**691 456**	**692 670**	**879 149**	**1 110 347**	**461 196**
39 861	344 260	58 093	107 956	101 688	104 853	75 463	58 470
2 804	48 700	41 450	13 976	10 346	15 277	3 219	9 248
2 996	31 159	8 448	14 028	18 597	26 735	91 046	6 957
1 999	14 038	3 129	7 065	25 407	13 184	2 154	5 191
2 372	6 083	555	8 782	4 364	3 842	248 165	740
3 744	30 262	8 532	9 282	6 110	20 428	31 589	7 420
1 940	14 578	2 816	2 127	4 818	47 050	688	3 191
3 041	22 049	4 578	7 709	3 333	5 509	444 483	4 298
43 234	383 804	54 223	99 540	96 933	165 968	19 094	72 806
39 050	203 433	37 726	64 798	61 642	80 099	16 852	50 766
73 772	148 377	27 549	34 224	38 951	64 078	15 461	316 76
12 151	38 242	6 905	5 165	10 228	20 652	2 915	6 053
14 094	59 117	10 588	11 523	8 818	11 976	3 506	14 082
2 446	8 693	2 594	5 118	3 021	3 085	1 255	2 540
10 914	59 985	14 833	18 311	14 791	23 247	8 631	13 056
16 642	20 513	6 081	9 300	12 214	14 575	6 963	7 503
5 078	67 374	14 673	41 714	50 425	48 569	2 383	15 056
758	14 764	1 327	1 055	1 278	1 745	107	1 327
112 212	302 047	50 979	115 624	82 485	81 315	23 051	40 650
32 294	65 328	8 892	14 943	27 984	22 588	478	11 887
6 141	8 579	1 955	3 920	2 339	3 977	10 963	1 963
3 894	49 486	11 918	24 477	8 430	14 436	1 329	15 797
55 406	55 007	7 412	14 109	10 862	11 637	2 329	7 329
3 542	9 598	3 689	7 109	5 394	3 104	125	3 820
44 379	50 765	12 371	14 141	28 576	18 573	4 536	14 210
963	27 037	3 450	7 451	7 550	11 620	1 937	4 048
11 774	91 740	17 789	12 418	21 871	20 024	10 141	35 836
1 440	15 141	6 168	8 268	10 323	10 386	1 410	9 042
137	2 207	334	625	1 932	1 125	301	396
25	599	177	285	603	320	7	99
1 128	20 834	4 473	6 412	11 357	9 170	79 765	5 738

5－4　2003～2004年主要城市接待

INTERNATIONAL TOURISTS TO

城市名称 NAME OF CITY		2004 年 总 计 TOTAL 2004		
		人 数 (人次) ARRIVALS	人天数 (人天) NIGHTS	平均停留 (天) AVERAGE STAY
北　　京	BEIJING	3 154 950	13 124 592	4.16
天　　津	TIANJIN	615 900	2 291 041	3.72
石 家 庄	SHIJIAZHUANG	61 842	115 000	1.86
秦 皇 岛	QINHUANGDAO	162 751	579 945	3.56
承　　德	CHENGDE	168 661	337 786	2.00
太　　原	TAIYUAN	78 300	195 750	2.50
大　　同	DATONG	64 086	98 857	1.54
呼和浩特	HOHHOT	30 000	59 355	1.98
沈　　阳	SHENYANG	272 838	737 167	2.70
大　　连	DALIAN	520 035	1 875 837	3.61
长　　春	CHANGCHUN	87 201	258 627	2.97
吉　　林	JILIN	31 248	52 986	1.70
延　　边	YANBIAN	167 542	220 149	1.31
哈 尔 滨	HARBIN	183 818	462 074	2.51
上　　海	SHANGHAI	3 854 505	13 298 065	3.45
南　　京	NANJING	719 653	3 266 979	4.54
无　　锡	WUXI	504 434	1 247 003	2.47
苏　　州	SUZHOU	972 631	2 905 828	2.99
南　　通	NANTONG	109 966	700 162	6.37
连 云 港	LIANYUNGANG	40 298	293 050	7.27
杭　　州	HANGZHOU	1 234 016	3 199 278	2.59
宁　　波	NINGBO	322 417	810 056	2.51
温　　州	WENZHOU	172 497	362 132	2.10
合　　肥	HEFEI	57 801	179 236	3.10
黄　　山	HUANGSHAN	325 600	351 923	1.08
福　　州	FUZHOU	330 779	1 337 042	4.04
厦　　门	XIAMEN	620 539	2 488 263	4.01
泉　　州	QUANZHOU	500 783	2 415 928	4.82
漳　　州	ZHANGZHOU	35 347	83 216	2.35

入境旅游者情况
MAJOR CITIES 2003—2004

2003 年 总 计 TOTAL 2003			2004 年比 2003 年增减 INCREASE		
人 数 (人次) ARRIVALS	人天数 (人天) NIGHTS	平均停留 (天) AVERAGE STAY	人 数 (%) ARRIVALS	人天数 (%) NIGHTS	平均停留 (天) AVERAGE STAY
1 851 245	8 047 678	4.35	70.42	63.09	-0.19
489 017	1 760 094	3.60	25.95	30.17	0.12
37 000	53 806	1.45	67.14	113.73	0.41
81 997	255 909	3.12	98.48	126.62	0.44
79 846	155 925	1.95	111.23	116.63	0.05
31 603	85 328	2.70	147.76	129.41	-0.20
29 637	50 195	1.69	116.24	96.95	-0.15
12 023	15 882	1.32	149.52	273.72	0.66
184 255	587 905	3.19	48.08	25.39	-0.49
373 000	1 358 441	3.64	39.42	38.09	-0.03
68 877	215 277	3.13	26.60	20.14	-0.16
16 900	31 011	1.83	84.90	70.86	-0.14
121 044	155 403	1.28	38.41	41.66	0.03
145 538	340 909	2.34	26.30	35.54	0.17
2 447 089	8 882 933	3.63	57.51	49.70	-0.18
515 081	2 213 194	4.30	39.72	47.61	0.24
393 591	996 512	2.53	28.16	25.14	-0.06
708 343	1 891 245	2.67	37.31	53.65	0.32
84 253	582 048	6.91	30.52	20.29	-0.54
22 769	209 011	9.18	76.99	40.21	-1.91
861 199	2 341 789	2.72	43.29	36.62	-0.13
221 566	526 203	2.37	45.52	53.94	0.14
109 119	257 067	2.36	58.08	40.87	-0.26
43 200	118 152	2.74	33.80	51.70	0.37
160 100	164 603	1.03	103.37	113.80	0.05
316 762	1 480 973	4.68	4.43	-9.72	-0.63
549 895	1 697 487	3.09	12.85	46.59	0.92
395 018	1 871 385	4.74	26.77	29.10	0.09
24 789	65 120	2.63	42.59	27.79	-0.27

城市名称 NAME OF CITY		2004 年 总 计 TOTAL 2004		
		人 数 (人次) ARRIVALS	人天数 (人天) NIGHTS	平均停留 (天) AVERAGE STAY
南 昌	NANCHANG	54 282	127 099	2.34
九 江	JIUJIANG	60 443	123 886	2.05
济 南	JINAN	106 643	193 741	1.82
青 岛	QINGDAO	522 498	1 568 109	3.00
烟 台	YANTAI	149 109	558 202	3.74
威 海	WEIHAI	121 739	259 800	2.13
郑 州	ZHENGZHOU	173 978	341 784	1.96
洛 阳	LUOYANG	90 000	187 200	2.08
武 汉	WUHAN	314 493	689 602	2.19
长 沙	CHANGSHA	187 681	832 825	4.44
广 州	GUANGZHOU	4 371 493	9 218 368	2.11
深 圳	SHENZHEN	5 597 637	11 165 107	1.99
珠 海	ZHUHAI	1 932 425	4 121 647	2.13
汕 头	SHANTOU	192 451	463 455	2.41
湛 江	ZHANJIANG	28 489	64 290	2.26
中 山	ZHONGSHAN	621 630	1 237 530	1.99
南 宁	NANNING	65 592	107 306	1.64
桂 林	GUILIN	807 714	1 151 867	1.43
北 海	BEIHAI	25 334	36 181	1.43
海 口	HAIKOU	101 236	183 525	1.81
三 亚	SANYA	146 272	298 994	2.04
重 庆	CHONGQING	434 423	1 172 776	2.70
成 都	CHENGDU	408 814	799 320	1.96
贵 阳	GUIYANG	102 175	211 966	2.07
昆 明	KUNMING	493 251	754 617	1.53
拉 萨	LHASA	53 055	137 509	2.59
西 安	XI'AN	650 325	1 885 942	2.90
兰 州	LANZHOU	44 800	67 198	1.50
西 宁	XINING	23 092	49 554	2.15
银 川	YINCHUAN	5 529	11 899	2.15
乌鲁木齐	URUMQI	30 649	336 008	2.57

2003 年 总 计 TOTAL 2003			2004 年比 2003 年增减 INCREASE		
人 数 (人次) ARRIVALS	人天数 (人天) NIGHTS	平均停留 (天) AVERAGE STAY	人 数 (%) ARRIVALS	人天数 (%) NIGHTS	平均停留 (天) AVERAGE STAY
34 338	79 984	2.33	58.08	58.91	0.01
39 091	74 631	1.91	54.62	66.00	0.14
66 953	125 489	1.87	59.28	54.39	-0.06
342 959	989 176	2.88	52.35	58.53	0.12
114 060	435 033	3.81	30.73	28.31	-0.07
89 230	206 338	2.31	36.43	25.91	-0.18
96 000	293 000	3.05	81.23	16.65	-1.09
26 791	39 856	1.49	235.93	369.69	0.59
224 408	551 095	2.46	40.14	25.13	-0.26
48 481	137 833	2.84	287.12	504.23	1.59
3 625 383	7 760 998	2.14	20.58	18.78	-0.03
4 351 328	8 558 526	1.97	28.64	30.46	0.03
1 054 492	1 772 215	1.68	83.26	132.57	0.45
168 252	324 104	1.93	14.38	43.00	0.48
15 047	34 055	2.26	89.33	88.78	-0.01
575 623	952 300	1.65	7.99	29.95	0.34
34 908	60 518	1.73	87.90	77.31	-0.10
445 659	681 050	1.53	81.24	69.13	-0.10
13 193	18 310	1.39	92.03	97.60	0.04
73 167	140 883	1.93	38.36	30.27	-0.11
135 204	264 429	1.96	8.19	13.07	0.09
234 521	662 697	2.83	85.24	76.97	-0.13
226 546	588 079	2.60	80.46	35.92	-0.64
52 206	123 228	2.36	95.72	72.01	-0.29
426 667	658 633	1.54	15.61	14.57	-0.01
21 306	53 927	2.53	149.01	154.99	0.06
336 654	824 800	2.45	93.17	128.65	0.45
18 394	26 462	1.44	143.56	153.94	0.06
13 702	30 570	2.23	68.53	62.10	-0.09
2 378	5 766	2.42	132.51	106.36	-0.27
78 666	235 770	3.00	66.08	42.52	-0.43

5－5　2004年主要城市接待

BREAKDOWN OF INTERNATIONAL

城市名称 NAME OF CITY		外国人 FOREIGNERS			香港 HONG
		人　数 （人次） ARRIVALS	人天数 （人天） NIGHTS	平均停留 （天） AVERAGE STAY	人　数 （人次） ARRIVALS
北　京	BEIJING	2 680 990	11 394 208	4.25	277 463
天　津	TIANJIN	559 291	1 797 487	3.21	21 178
石家庄	SHIJIAZHUANG	56 587	106 587	1.88	3 793
秦皇岛	QINHUANGDAO	155 467	559 307	3.60	3 288
承　德	CHENGDE	144 661	290 100	2.01	8 535
太　原	TAIYUAN	56 656	141 640	2.50	10 098
大　同	DATONG	41 519	70 061	1.69	8 792
呼和浩特	HOHHOT	28 266	56 532	2.00	591
沈　阳	SHENYANG	222 758	630 063	2.83	22 230
大　连	DALIAN	455 953	1 670 512	3.66	29 468
长　春	CHANGCHUN	70 249	220 862	3.14	8 262
吉　林	JILIN	11 399	29 149	2.56	10 041
延　边	YANBIAN	163 872	208 941	1.28	1 100
哈尔滨	HARBIN	147 139	384 514	2.61	20 065
上　海	SHANGHAI	3 196 707	11 188 474	3.50	312 832
南　京	NANJING	471 719	2 194 006	4.65	112 608
无　锡	WUXI	328 121	874 215	2.66	79 558
苏　州	SUZHOU	707 786	2 119 249	2.99	89 735
南　通	NANTONG	93 907	564 012	6.01	5 786
连云港	LIANYUNGANG	36 160	234 643	6.49	1 489
杭　州	HANGZHOU	791 588	1 886 865	2.38	198 526
宁　波	NINGBO	195 926	524 654	2.68	45 178
温　州	WENZHOU	135 803	284 758	2.10	13 361
合　肥	HEFEI	44 380	142 998	3.22	6 044
黄　山	HUANGSHAN	201 880	215 957	1.07	41 612
福　州	FUZHOU	177 842	760 126	4.27	61 397
厦　门	XIAMEN	328 542	1 426 532	4.34	74 297
泉　州	QUANZHOU	52 107	83 844	1.61	379 453
漳　州	ZHANGZHOU	10 683	15 402	1.44	6 750

入境旅游者构成
TOURISTS TO MAJOR CITIES 2004

同胞 KONG SAR		澳门同胞 MACAO SAR			台湾同胞 TAIWAN PROVINCE		
人天数 (人天) NIGHTS	平均停留 (天) AVERAGE STAY	人　数 (人次) ARRIVALS	人天数 (人天) NIGHTS	平均停留 (天) AVERAGE STAY	人　数 (人次) ARRIVALS	人天数 (人天) NIGHTS	平均停留 (天) AVERAGE STAY
946 148	3.41	13 037	43 022	3.30	183 460	741 214	4.04
145 983	6.89	2 511	19 732	7.86	32 920	327 839	9.96
5 832	1.54	169	318	1.88	1 293	2 263	1.75
8 376	2.55	723	1 656	2.29	3 273	10 606	3.24
17 070	2.00	2 884	5 654	1.96	12 581	24 962	1.98
22 216	2.20	2 571	7 970	3.10	8 975	23 924	2.67
10 859	1.24	5 228	6 729	1.29	8 547	11 208	1.31
1 005	1.70	102	153	1.50	1 041	1 665	1.60
50 372	2.27	452	1 069	2.37	27 398	55 663	2.03
91 312	3.10	676	2 264	3.35	33 938	111 749	3.29
19 322	2.34	312	865	2.77	8 378	17 578	2.10
11 901	1.19	112	240	2.14	9 696	11 696	1.21
3 187	2.90	22	85	3.86	2 548	7 936	3.11
45 412	2.26	2 382	4 909	2.06	14 232	27 239	1.91
907 213	2.90	16 672	53 350	3.20	328 294	1 149 028	3.50
432 575	3.84	4 384	11 653	2.66	130 942	628 745	4.80
146 722	1.84	2 504	3 332	1.33	94 251	222 734	2.36
248 364	2.77	2 586	6 507	2.52	172 524	531 708	3.08
43 347	7.49	37	77	2.08	10 236	92 726	9.06
17 267	11.60	125	307	2.46	2 524	40 833	16.18
596 466	3.00	10 630	32 300	3.04	233 272	683 647	2.93
93 908	2.08	10 919	26 826	2.46	70 394	164 668	2.34
27 436	2.05	4 890	12 734	2.60	18 443	37 204	2.02
18 757	3.10	102	207	2.03	7 275	17 274	2.37
42 701	1.03	832	837	1.01	81 276	92 428	1.14
241 121	3.93	2 047	10 542	5.15	89 493	325 253	3.63
272 522	3.67	6 003	21 713	3.62	211 697	767 496	3.63
1 793 294	4.73	24 739	125 771	5.08	44 484	413 019	9.28
11 623	1.72	1 085	1 224	1.13	16 829	54 967	3.27

5－5(续 1)

城市名称 NAME OF CITY		外国人 FOREIGNERS			香港 HONG
		人数（人次）ARRIVALS	人天数（人天）NIGHTS	平均停留（天）AVERAGE STAY	人数（人次）ARRIVALS
南昌	NANCHANG	34 949	82 258	2.35	7166
九江	JIUJIANG	26 109	52 688	2.02	16 812
济南	JINAN	58 039	118 546	2.04	29 387
青岛	QINGDAO	458 358	1 440 700	3.14	33 729
烟台	YANTAI	129 473	450 165	3.48	6 754
威海	WEIHAI	113 582	239 439	2.11	954
郑州	ZHENGZHOU	104 357	230 456	2.21	18 973
洛阳	LUOYANG	66 300	136 400	2.06	13 700
武汉	WUHAN	241 698	523 311	2.17	34 453
长沙	CHANGSHA	145 720	655 740	4.50	10 938
广州	GUANGZHOU	1 389 618	3 169 443	2.28	2 376 119
深圳	SHENZHEN	1 051 896	2 501 631	2.38	4 027 377
珠海	ZHUHAI	279 053	1 074 494	3.85	723 463
汕头	SHANTOU	39 436	104 505	2.65	129 192
湛江	ZHANJIANG	14 960	29 979	2.00	8 775
中山	ZHONGSHAN	89 814	189 862	2.11	347 342
南宁	NANNING	51 156	83 210	1.63	6 322
桂林	GUILIN	460 489	711 960	1.55	84 445
北海	BEIHAI	15 140	21 326	1.41	5 691
海口	HAIKOU	49 597	90 425	1.82	24 934
三亚	SANYA	106 176	231 094	2.18	28 047
重庆	CHONGQING	338 892	945 057	2.79	55 959
成都	CHENGDU	262 945	543 215	2.07	48 783
贵阳	GUIYANG	38 971	81 839	2.10	26 140
昆明	KUNMING	301 828	502 377	1.66	67 450
拉萨	LHASA	49 168	127 837	2.60	1 086
西安	XI'AN	527 480	1 529 692	2.90	55 340
兰州	LANZHOU	29 605	44 857	1.52	6 901
西宁	XINING	8 546	20 096	2.35	4 219
银川	YINCHUAN	4 346	9 370	2.16	545
乌鲁木齐	URUMQI	114 499	308 314	2.69	8 262

同胞 KONG SAR		澳门同胞 MACAO SAR			台湾同胞 TAIWAN PROVINCE		
人天数（人天）NIGHTS	平均停留（天）AVERAGE STAY	人数（人次）ARRIVALS	人天数（人天）NIGHTS	平均停留（天）AVERAGE STAY	人数（人次）ARRIVALS	人天数（人天）NIGHTS	平均停留（天）AVERAGE STAY
17 015	2.37	1389	3540	2.55	10 778	24 286	2.25
35 134	2.09	3 890	8 226	2.11	13 632	27 838	2.04
46 246	1.57	208	310	1.49	19 009	28 639	1.51
65 014	1.93	486	1 106	2.28	29 925	61 289	2.05
18 281	2.71	887	4 356	4.91	11 995	85 400	7.12
1 906	2.00	107	213	1.99	7 096	18 242	2.57
29 678	1.56	12 805	21 807	1.70	37 843	59 843	1.58
28 800	2.10	7 600	6 000	0.79	2 400	16 000	6.67
82 740	2.40	840	1 311	1.56	37 502	82 240	2.19
38 283	3.50	801	2 803	3.50	30 222	135 999	4.50
4 676 461	1.97	226 793	516 223	2.28	378 963	856 241	2.26
7 515 304	1.87	42 271	82 391	1.95	476 093	1 065 781	2.24
1 195 211	1.65	336 451	623 877	1.85	593 458	1 228 065	2.07
304 893	2.36	7 231	16 559	2.29	16 592	37 498	2.26
21 451	2.44	4 210	11 981	2.85	544	879	1.62
715 004	2.06	97 709	144 970	1.48	86 765	187 694	2.16
11 901	1.88	429	862	2.01	7 685	11 333	1.47
121 232	1.44	1 397	2 329	1.67	261 383	316 346	1.21
9 620	1.69	1 937	2 144	1.11	2 566	3 091	1.20
37 544	1.51	814	1 423	1.75	25 891	54 133	2.09
48 152	1.72	1 669	2 860	1.71	10 380	16 888	1.63
131 953	2.36	940	2 822	3.00	38 632	92 944	2.41
89 305	1.83	3 083	9 819	3.18	94 003	156 981	1.67
55 416	2.12	2 910	6 402	2.20	34 154	68 309	2.00
99 845	1.48	1 841	3 057	1.66	122 132	149 338	1.22
2 769	2.55	814	2 035	2.50	1 987	4 868	2.45
160 486	2.90	3 296	9 558	2.90	64 209	186 206	2.90
9 901	1.43	2 973	4 459	1.50	5 321	7 981	1.50
8 944	2.12	2 671	5 440	2.04	7 656	15 074	1.97
1 157	2.12	5	9	1.80	633	1 363	2.15
15 398	1.86	55	134	2.44	7 833	12 162	1.55

5－6　2004年主要城市接待
FOREIGN TOURISTS BY MAJOR

城市名称 NAME OF CITY	合　计 TOTAL	＃日　本 JAPAN	＃韩　国 KOREA	＃马来西亚 MALA-YSIA	＃菲律宾 PHILIP-PINES	＃新加坡 SINGA-PORE
北　京 BEIJING	2 680 990	475 038	370 095	71 619	10 719	60 769
天　津 TIANJIN	559 291	173 670	153 348	17 505	2 869	15 200
石家庄 SHIJIAZHUANG	56 587	8 317	8 166	697	201	1 438
秦皇岛 QINHUANGDAO	155 467	24 601	19 459	2 660	1 508	2 639
承　德 CHENGDE	144 661	5 096	2 935	85 368	115	4 476
太　原 TAIYUAN	56 656	16 068	4 863	1 450	93	2 120
大　同 DATONG	41 519	6 476	2 767	4 220	20	1 152
呼和浩特 HOHHOT	28 266	6 849	538	502	0	0
沈　阳 SHENYANG	222 758	73 922	78 580	4 893	453	5 872
大　连 DALIAN	455 953	328 899	49 440	3 508	1 088	6 340
长　春 CHANGCHUN	70 249	10 623	11 948	11 118	59	3 145
吉　林 JILIN	11 399	955	919	4 247	134	2 195
延　边 YANBIAN	163 872	1 805	32 259	33	14	7
哈尔滨 HARBIN	147 139	52 319	19 018	5 567	309	7 162
上　海 SHANGHAI	3 196 707	1 218 810	267 145	94 738	21 078	122 606
南　京 NANJING	471 719	70 279	44 538	92 868	1 843	36 435
无　锡 WUXI	328 121	95 627	32 394	76 966	1 280	19 751
苏　州 SUZHOU	707 786	254 635	171 597	47 399	2 143	30 131
南　通 NANTONG	93 907	63 645	4 858	727	515	1 841
连云港 LIANYUNGANG	36 160	7 627	2 489	899	493	1 009
杭　州 HANGZHOU	791 588	184 075	217 728	70 496	2 422	30 873
宁　波 NINGBO	195 926	63 727	16 185	3 705	1 301	5 271
温　州 WENZHOU	135 803	17 095	6 474	2 958	643	2 403
合　肥 HEFEI	44 380	14 434	2 522	1 043	352	1 193
黄　山 HUANGSHAN	201 880	36 282	41 979	20 761	717	16 561
福　州 FUZHOU	177 842	64 507	9 056	30 314	1 370	20 287
厦　门 XIAMEN	328 542	112 555	35 525	33 043	18 147	36 531
泉　州 QUANZHOU	52 107	7 517	3 404	9 128	4 064	4 614
漳　州 ZHANGZHOU	10 683	1 827	459	2 179	208	3 340

外国旅游者人数(按国籍分)
CITIES & NATIONALITY 2004

单　位:人次
UNIT:PERSON

＃泰　国 THAI- LAND	＃美　国 U.S.A.	＃加拿大 CANADA	＃英　国 UNITED KINGDOM	＃法　国 FRANCE	＃德　国 GERMANY	＃俄罗斯 RUSSIA	＃澳大利亚 AUS- TRALIA
39 861	344 260	58 093	107 956	101 688	104 853	75 463	58 470
2 804	48 700	41 450	13 976	10 346	15 277	3 219	9 248
278	4 797	1 700	767	833	3 373	16 654	763
2 042	8 347	3 048	4 399	1 644	5 058	52 375	2 346
480	4 617	518	6 893	11 899	1 611	1 419	1 151
738	4 888	869	1 594	8 161	3 858	564	1 984
180	2 917	635	1 670	7 170	3 974	120	1250
0	3 514	251	466	179	287	108	251
1 796	14 270	3 508	2 616	2 343	10 705	11 385	2 837
720	9 894	2 999	3 685	2 009	5 517	12 529	2 881
415	2 987	772	435	1 484	14 382	198	811
89	714	54	107	9	161	9	62
25	532	48	15	10	25	123 817	38
1 677	8 042	2 158	1 925	1 574	2 303	17 046	1 849
43 234	383 804	54 223	99 540	96 933	165 968	19 094	72 806
7 350	53 480	11 176	18 761	15 009	25 564	1 935	12 758
19 217	29 651	4 867	3 341	3 179	7 822	1 082	4 397
7 756	63 390	8 446	16 682	23 222	23 055	1 953	9 248
517	4 262	436	1 217	692	1 378	430	711
451	3 869	602	2 552	2 157	1 279	5 820	1 707
44 819	65 824	11 145	9 081	12 287	19 962	3 383	11 839
1 914	24 531	4 659	8 331	7 536	9 875	2 341	5 994
868	8 282	1 923	3 379	6 225	3 370	2 369	1 999
252	6 326	1 020	1 152	1 013	3 954	852	1 035
9 951	26 055	4 536	2 292	6 683	3 352	840	3 406
1 049	23 653	3 098	2 216	1 883	2 651	1 150	6 470
8 182	26 801	5 149	5 359	3 654	6 705	787	5 551
1 388	3 672	829	1 360	1 001	1 149	477	894
355	452	64	54	114	74	13	104

5－6(续 1)

城市名称 NAME OF CITY		合计 TOTAL	＃日本 JAPAN	＃韩国 KOREA	＃马来西亚 MALA-YSIA	＃菲律宾 PHILIP-PINES	＃新加坡 SINGA-PORE
南昌	NANCHANG	34 949	3 992	788	573	82	1 017
九江	JIUJIANG	26 109	5 926	3 350	965	230	1 986
济南	JINAN	58 039	12 126	10 861	4 643	227	3 940
青岛	QINGDAO	458 358	191 181	164 876	10 122	2 053	9 664
烟台	YANTAI	129 473	35 931	64 201	1 075	269	1 658
威海	WEIHAI	113 582	18 907	81 203	207	329	509
郑州	ZHENGZHOU	104 357	19 010	6 428	5 853	720	2 723
洛阳	LUOYANG	66 300	12 618	4 408	4 166	286	2 286
武汉	WUHAN	241 698	49 716	22 737	6 173	1 557	6 343
长沙	CHANGSHA	145 720	30 780	18 518	3 391	854	4 349
广州	GUANGZHOU	1 389 618	227 090	41 092	161 243	8 922	53 816
深圳	SHENZHEN	1 051 896	266 930	106 606	63 135	8 111	89 524
珠海	ZHUHAI	279 053	84 601	11 320	15 323	1 056	13 824
汕头	SHANTOU	39 436	2 368	550	2 807	88	6 202
湛江	ZHANJIANG	14 960	2 613	644	742	339	1 159
中山	ZHONGSHAN	89 814	44 145	4 614	3 968	684	4 025
南宁	NANNING	51 156	2 676	1 314	4 633	220	2 910
桂林	GUILIN	460 489	118 986	67 781	38 636	1 188	3 875
北海	BEIHAI	15 140	775	224	211	37	274
海口	HAIKOU	49 597	7 683	4 050	6 115	222	6 720
三亚	SANYA	106 176	9 482	19 686	3 040	502	2 865
重庆	CHONGQING	338 892	95 391	40 352	14 264	860	13 216
成都	CHENGDU	262 945	80 712	14 908	19 264	1 584	29 349
贵阳	GUIYANG	38 971	5 489	1 568	2 333	519	3 605
昆明	KUNMING	301 828	46 667	39 269	44 100	1 320	22 226
拉萨	LHASA	49 168	7 893	1 684	709	66	443
西安	XI'AN	527 480	109 506	109 044	7 788	799	4 545
兰州	LANZHOU	29 605	4 676	3 889	1 505	177	450
西宁	XINING	8 546	952	360	212	128	269
银川	YINCHUAN	4 346	1 449	219	208	63	110
乌鲁木齐	URUMQI	114 499	20 951	2 645	1 253	68	1 624

＃泰　国 THAI-LAND	＃美　国 U.S.A.	＃加拿大 CANADA	＃英　国 UNITED KINGDOM	＃法　国 FRANCE	＃德　国 GERMANY	＃俄罗斯 RUSSIA	＃澳大利亚 AUS-TRALIA
349	5 236	1 269	2 673	798	1 100	315	865
852	1 675	806	1 422	1 293	1 258	412	1 170
2 161	6 761	1 805	1 008	1 124	2 194	202	1 362
3 053	26 223	4 820	5 582	5 042	10 069	3 681	5 490
240	5 163	1 257	2 073	739	2 475	926	1 166
232	3 049	388	815	465	1 219	2 689	503
5 102	8 424	2 793	2 770	2 643	4 235	3 183	2 887
5 586	6 813	1 268	4 050	9 956	9 846	2 913	1 044
1 890	33 414	7 175	19 081	26 880	23 995	928	7 246
2 019	39 038	5 238	4 401	5 108	7 732	164	4 893
35 908	97 829	22 761	22 887	28 824	15 048	10 289	23 295
139 528	101 077	15 871	22 277	16 381	15 903	5 482	16 987
5 836	22 632	5 644	5 715	6 001	5 285	5 521	4 487
7 220	1 095	278	246	597	452	79	378
275	2 014	1 521	2 044	422	275	384	1 348
532	9 494	2 165	1 861	2 089	2 070	1 025	5 240
2 001	7 876	1 522	2 172	1 402	1 089	40	1 663
28 859	54 833	6 753	11 484	25 996	20 577	211	9 013
122	1 159	203	194	168	253	37	294
3 723	3 194	731	388	843	684	361	698
1 361	5 378	1 259	3 795	1 472	3 494	11 515	1 237
3 894	49 486	11 918	24 477	8 430	14 436	1 329	15 797
20 425	37 768	5 755	8 456	7 103	8 448	691	5 868
2 264	5 525	2 017	1 758	2 204	1 645	150	2 333
30 059	24 873	5 098	6 333	11 608	7 093	1 176	7 164
555	17 562	1 293	2 272	2 354	4 064	974	2 046
6 960	70 125	13 598	44 984	17 317	34 003	1 472	16614
343	3 487	1 034	1 468	1 746	1 848	48	970
100	1 697	232	410	737	491	243	328
16	492	159	167	245	296	7	77
405	6 281	1 461	885	2 073	1 743	50 824	1 807

六、星级饭店基本情况

6. STATISTICS OF STAR-RATED HOTELS

6－1　2004年全国星级饭店

BREAKDOWN OF STAR－RATED HOTELS BY ECONOMIC TYPE,

饭店类型、规模和星级	ECONOMIC TYPE, CAPACITY & STAR－RATING	饭店数（家）NUMBER OF HOTELS	房间数（间）NUMBER OF ROOMS	床位数（张）NUMBER OF BEDS
一、饭店经济类型	ECONOMIC TYPE			
合计	**TOTAL**	**10 888**	**1 237 851**	**2 366 638**
国有企业	STATE－OWNED	5 482	630 106	1 263 767
集体企业	COLLECTIVE	1 007	97 186	183 889
股份合作企业	SHARE HOLDING CO－OPERATIVE	254	25 044	47 022
联营企业	ALLIANCE	80	10 022	17 708
有限责任公司	LIMITED LIABILITY	1 547	185 005	351 265
股份有限公司	LIMITED LIABILITY SHARE	462	56 999	103 518
私营经济	PRIVATE－OWNED	1 264	89 304	169 164
其他企业	OTHERS	261	24 401	44 269
港澳台投资	H.K.,MACAO,TAIWAN INVESTED	341	78 819	117 598
外商投资	FOREIGN INVESTED	190	40 965	68 438
二、饭店规模	CAPACITY			
合计	**TOTAL**	**10 888**	**1 237 851**	**2 366 638**
客房数500间以上	ROOMS OVER 500	125	105 538	208 222
客房数300～499间	ROOMS BETWEEN 300－499	389	142 946	245 162
客房数200～299间	ROOMS BETWEEN 200－299	822	197 014	355 437
客房数100～199间	ROOMS BETWEEN 100－199	3 245	436 140	830 298
客房数99间以下	ROOMS UNDER 99	6 307	356 213	727 519
三、饭店星级	STAR－RATED HOTELS			
合计	**TOTAL**	**10 888**	**1 237 851**	**2 366 638**
五星级	5－STAR	242	87 386	140 225
四星级	4－STAR	971	222 161	377 574
三星级	3－STAR	3 914	495 423	941 667
二星级	2－STAR	5 096	390 823	822 574
一星级	1－STAR	665	42 058	84 598

基本情况(按经济类型、规模和星级分)

CAPACITY,STAR－RATING & FINANCE 2004

客房出租率(%) ROOM OCCUPANCY (%)	营业收入 (万元) TOTAL REVENUE (10000 RMB¥)	营业税金 (万元) TAX (10000 RMB¥)	固定资产 (万元) FIXED ASSETS (10000 RMB¥)
60.62	**12 386 673.33**	**710 657.11**	**32 273 656.51**
59.24	5 186 153.38	273 261.68	14 068 699.30
57.92	900 345.61	61 590.70	1 908 517.11
62.94	229 209.81	13 217.60	415 181.31
62.13	90 139.23	5 689.89	248 954.36
63.99	2 060 626.46	129 833.93	5 619 215.53
65.22	674 480.53	38 219.10	1 702 701.91
61.68	817 043.29	56 889.15	1 147 552.20
58.04	172 294.20	9 763.40	726 976.59
67.83	1 335 314.74	77 369.34	3 471 240.84
68.94	921 066.08	44 822.33	2 964 617.36
60.62	**12 386 673.33**	**710 657.11**	**32 273 656.51**
67.88	1 335 917.53	67 832.09	2 671 360.95
65.11	2 034 303.04	125 113.53	7 426 910.67
63.35	2 058 009.93	124 407.59	7 114 173.08
60.70	3 520 309.71	222 637.17	9 641 521.19
58.12	3 438 133.12	170 666.73	5 419 690.62
60.62	**12 386 673.33**	**710 657.11**	**32 273 656.51**
65.97	2 348 430.64	149 868.72	7 109 570.68
65.98	2 862 353.89	184 290.24	9 169 567.84
61.57	4 476 000.17	243 483.24	10 949 030.10
57.14	2 511 778.64	124 196.32	4 737 216.89
50.92	188 109.99	8 818.59	308 271.00

6-2 2004年全国星级饭店

BREAKDOWN OF STAR-RATED HOTELS, ROOMS,

地　区 LOCALITY	饭店数（家） NUMBER OF HOTELS	房间数（间） NUMBER OF ROOMS	床位数（张） NUMBER OF BEDS
总　计 TOTAL	**10 888**	**1 237 851**	**2 366 638**
北　京 BEIJING	602	108 546	183 021
天　津 TIANJIN	103	10 799	18 838
河　北 HEBEI	315	34 225	67 287
山　西 SHANXI	259	22 774	44 249
内蒙古 INNER MONGOLIA	169	15 143	30 975
辽　宁 LIAONING	445	53 545	103 435
吉　林 JILIN	163	14 737	30 124
黑龙江 HEILONGJIANG	217	20 214	40 077
上　海 SHANGHAI	366	71 094	113 437
江　苏 JIANGSU	638	77 956	200 342
浙　江 ZHEJIANG	901	91 164	167 386
安　徽 ANHUI	353	36 421	69 616
福　建 FUJIAN	336	40 049	68 954
江　西 JIANGXI	244	23 890	45 061
山　东 SHANDONG	497	42 018	78 388
河　南 HENAN	377	43 667	114 650
湖　北 HUBEI	541	45 144	87 456
湖　南 HUNAN	400	43 008	79 686
广　东 GUANGDONG	1 067	134 218	241 014
广　西 GUANGXI	305	36 995	70 274
海　南 HAINAN	216	31 049	58 148
重　庆 CHONGQING	180	20 120	36 347
四　川 SICHUAN	429	51 341	91 690
贵　州 GUIZHOU	140	15 767	30 244
云　南 YUNNAN	747	57 929	104 807
西　藏 TIBET	64	4 677	9 196
陕　西 SHAANXI	230	31 025	62 467
甘　肃 GANSU	174	18 787	37 778
青　海 QINGHAI	64	6 195	12 299
宁　夏 NINGXIA	43	4 555	8 831
新　疆 XINJIANG	303	30 799	60 561

基本情况(按地区分)

OCCUPANCIES & FINANCE BY LOCALITY 2004

客房出租率 (%) ROOM OCCU-PANCY (%)	营业收入 (万元) TOTAL REVENUE (10000 RMB¥)	营业税金 (万元) TAX (10000 RMB¥)	固定资产 (万元) FIXED ASSETS (10000 RMB¥)
60.62	**12 386 673.33**	**710 657.11**	**32 273 656.51**
64.64	1 609 761.70	89 507.60	4 747 895.84
57.93	111 796.46	7 116.63	304 462.24
54.17	246 012.84	13 679.20	841 017.79
61.17	171 716.18	8 974.22	410 440.17
56.49	57 261.53	5 098.18	254 884.41
59.47	435 497.72	49 507.37	1 871 397.05
58.39	152 937.00	6 261.10	548 773.30
57.38	108 148.42	5 443.97	621 176.52
68.89	1 381 981.68	66 985.19	3 074 676.39
66.44	832 710.83	36 786.59	1 816 649.63
68.01	1 019 480.09	61 007.01	2 262 902.71
63.67	171 048.66	10 192.53	432 203.83
55.63	277 738.87	18 941.79	682 405.31
65.10	89 471.52	6 029.48	352 959.89
60.72	508 558.64	28 796.36	1 583 275.34
62.78	331 737.17	27 422.90	502 759.74
54.14	289 452.26	15 566.42	877 487.77
72.88	184 446.82	9 361.02	621 171.49
60.58	2 731 874.44	145 943.97	4 055 073.05
56.26	178 566.72	10 517.37	448 296.42
55.54	165 951.18	9 627.47	804 561.37
61.17	197 892.89	10 039.89	572 419.31
59.37	357 771.12	19 808.81	1 408 059.47
64.99	87 090.53	4 235.16	251 015.43
45.77	197 125.47	11 234.43	893 225.87
45.26	20 720.68	1 210.68	132 570.48
47.87	141 224.94	10 954.09	767 433.85
47.18	70 453.75	4 788.38	282 355.00
44.52	24 620.63	1 284.06	90 656.83
66.09	26 518.98	1 436.04	97 081.10
56.76	207 103.61	12 899.20	664 368.91

6－3　2004年全国各地区星级
NUMBER OF STAR－RATED HOTELS BY

地　区 LOCALITY		总　计 TOTAL	国有企业 STATE－OWNED	集体企业 COLLEC－TIVE	股份合作企业 SHARE HOLDING CO－OPERATIVE	联营企业 ALLIANCE
总　计	**TOTAL**	**10 888**	**5 482**	**1007**	**254**	**80**
北　京	BEIJING	602	238	59	19	8
天　津	TIANJIN	103	50	13	0	0
河　北	HEBEI	315	212	54	6	2
山　西	SHANXI	259	155	12	3	0
内蒙古	INNER MONGOLIA	169	98	12	3	1
辽　宁	LIAONING	445	179	145	5	2
吉　林	JILIN	163	106	4	3	0
黑龙江	HEILONGJIANG	217	112	1	2	1
上　海	SHANGHAI	366	174	36	6	8
江　苏	JIANGSU	638	283	47	9	2
浙　江	ZHEJIANG	901	325	68	43	8
安　徽	ANHUI	353	197	23	7	0
福　建	FUJIAN	336	207	20	4	6
江　西	JIANGXI	244	149	3	13	2
山　东	SHANDONG	497	252	42	12	3
河　南	HENAN	377	274	35	6	0
湖　北	HUBEI	541	295	49	14	0
湖　南	HUNAN	400	241	34	10	5
广　东	GUANGDONG	1 067	398	122	17	15
广　西	GUANGXI	305	204	16	5	0
海　南	HAINAN	216	62	19	6	6
重　庆	CHONGQING	180	84	22	4	0
四　川	SICHUAN	429	170	28	35	1
贵　州	GUIZHOU	140	94	5	1	0
云　南	YUNNAN	747	250	88	11	6
西　藏	TIBET	64	32	14	3	2
陕　西	SHAANXI	230	159	22	2	0
甘　肃	GANSU	174	138	4	1	0
青　海	QINGHAI	64	39	3	1	1
宁　夏	NINGXIA	43	26	1	3	0
新　疆	XINJIANG	303	279	6	0	1

饭店数(按经济类型分)

ECONOMIC TYPE 2004

单　位:家

UNIT:NUMBER

有限责任公司 LIMITED LIABILITY	股份有限公司 LIMITED LIABILITY SHARES	私营企业 PRIVATE-OWNED	其他内资企业 OTHER DOMESTIC FUNDED	港澳台投资企业 H.K.,MACAO,TAIWAN INVESTED	外商投资企业 FOREIGN INVESTED
1 547	**462**	**1 264**	**261**	**341**	**190**
135	9	60	5	41	28
15	3	5	0	7	10
9	12	13	1	5	1
25	15	28	17	2	2
23	4	25	0	2	1
42	21	23	5	9	14
15	9	16	1	3	6
37	5	11	42	3	3
67	24	20	2	15	14
179	37	61	5	9	6
208	65	146	19	9	10
54	13	48	1	9	1
32	8	36	3	8	12
14	12	28	7	6	10
88	32	39	4	17	8
31	12	14	0	5	0
87	17	64	2	8	5
15	14	59	8	13	1
174	36	132	14	137	22
36	8	20	2	6	8
54	18	28	5	10	8
3	10	50	0	1	6
101	32	51	7	4	0
7	10	17	3	3	0
40	18	217	102	5	10
1	1	5	3	0	3
16	9	20	1	1	0
13	3	12	2	1	0
10	3	7	0	0	0
7	1	5	0	0	0
9	1	4	0	2	1

6-4　2004年全国各地区星级饭店数(按规模分)

NUMBER OF STAR-RATED HOTELS BY CAPACITY 2004

单　位:家

UNIT:NUMBER

地　　区 LOCALITY		总　计 TOTAL	客房数 500以上 ROOMS OVER 500	客房数 300～499 ROOMS BETWEEN 300-499	客房数 200～299 ROOMS BETWEEN 200-299	客房数 100～199 ROOMS BETWEEN 100-199	客房数 99以下 ROOMS UNDER 99
总　计	**TOTAL**	**10 888**	**125**	**389**	**822**	**3 245**	**6 307**
北　京	BEIJING	602	29	61	68	164	280
天　津	TIANJIN	103	1	5	8	29	60
河　北	HEBEI	315	0	6	20	140	149
山　西	SHANXI	259	0	2	11	68	178
内蒙古	INNER MONGOLIA	169	1	4	10	31	123
辽　宁	LIAONING	445	7	11	31	266	130
吉　林	JILIN	163	0	4	9	35	115
黑龙江	HEILONGJIANG	217	0	3	14	58	142
上　海	SHANGHAI	366	25	41	46	111	143
江　苏	JIANGSU	638	11	22	47	215	343
浙　江	ZHEJIANG	901	2	20	70	252	557
安　徽	ANHUI	353	1	2	30	118	202
福　建	FUJIAN	336	2	13	22	102	197
江　西	JIANGXI	244	0	3	19	60	162
山　东	SHANDONG	497	5	12	26	122	332
河　南	HENAN	377	3	13	33	122	206
湖　北	HUBEI	541	0	10	20	114	397
湖　南	HUNAN	400	2	8	33	139	218
广　东	GUANGDONG	1067	15	59	110	294	589
广　西	GUANGXI	305	1	14	30	111	149
海　南	HAINAN	216	4	14	27	80	91
重　庆	CHONGQING	180	1	7	16	50	106
四　川	SICHUAN	429	7	11	36	134	241
贵　州	GUIZHOU	140	1	1	8	40	90
云　南	YUNNAN	747	3	11	26	133	574
西　藏	TIBET	64	0	1	2	3	58
陕　西	SHAANXI	230	4	17	16	78	115
甘　肃	GANSU	174	0	5	11	50	108
青　海	QINGHAI	64	0	2	2	16	44
宁　夏	NINGXIA	43	0	1	1	15	26
新　疆	XINJIANG	303	0	6	20	95	182

6-5 2004年全国各地区星级饭店数(按星级分)

NUMBER OF STAR-RATED HOTELS BY STAR-RATING 2004

单 位:家

UNIT:NUMBER

地 区 LOCALITY		星级饭店合计 TOTAL	五星级 5-STAR	四星级 4-STAR	三星级 3-STAR	二星级 2-STAR	一星级 1-STAR
总 计	**TOTAL**	**10 888**	**242**	**971**	**3 914**	**5 096**	**665**
北 京	BEIJING	602	33	69	201	258	41
天 津	TIANJIN	103	4	13	48	33	5
河 北	HEBEI	315	2	30	144	131	8
山 西	SHANXI	259	0	21	92	143	3
内蒙古	INNER MONGOLIA	169	2	9	38	104	16
辽 宁	LIAONING	445	11	43	216	143	32
吉 林	JILIN	163	4	22	63	71	3
黑龙江	HEILONGJIANG	217	3	25	87	87	15
上 海	SHANGHAI	366	24	37	135	150	20
江 苏	JIANGSU	638	20	80	239	288	11
浙 江	ZHEJIANG	901	9	76	252	483	81
安 徽	ANHUI	353	4	32	113	189	15
福 建	FUJIAN	336	7	22	140	159	8
江 西	JIANGXI	244	2	18	85	132	7
山 东	SHANDONG	497	10	45	204	227	11
河 南	HENAN	377	4	28	164	175	6
湖 北	HUBEI	541	8	27	156	297	53
湖 南	HUNAN	400	8	25	139	203	25
广 东	GUANGDONG	1 067	39	123	450	418	37
广 西	GUANGXI	305	5	20	113	155	12
海 南	HAINAN	216	10	37	96	64	9
重 庆	CHONGQING	180	4	22	69	76	9
四 川	SICHUAN	429	10	42	147	203	27
贵 州	GUIZHOU	140	0	12	41	64	23
云 南	YUNNAN	747	7	37	130	440	133
西 藏	TIBET	64	0	1	25	29	9
陕 西	SHAANXI	230	4	16	112	93	5
甘 肃	GANSU	174	1	12	50	98	13
青 海	QINGHAI	64	0	3	25	28	8
宁 夏	NINGXIA	43	0	4	24	13	2
新 疆	XINJIANG	303	7	20	116	142	18

6-6 2004年主要城市星级饭店基本经济指标

MAJOR STATISTICS OF STAR-RATED HOTELS IN MAJOR CITIES 2004

单 位:万元

UNIT:10000 RMB¥

城市名称 NAME OF CITY		营业收入 TOTAL REVENUE	#客房收入 ROOM	#餐饮收入 FOOD & BEVERAGE
北　　京	BEIJING	1 609 762	794 495	474 069
天　　津	TIANJIN	111 796	61 308	31 324
石 家 庄	SHIJIAZHUANG	75 281	26 202	39 978
秦 皇 岛	QINHUANGDAO	36 743	16 488	17 294
承　　德	CHENGDE	10 972	5 790	4 350
太　　原	TAIYUAN	66 709	34 493	23 323
大　　同	DATONG	20 187	7 067	11 294
呼和浩特	HOHHOT	13 898	6 267	6 910
沈　　阳	SHENYANG	145 738	76 516	52 465
大　　连	DALIAN	181 744	88 007	68 903
长　　春	CHANGCHUN	81 927	38 600	33 610
吉　　林	JILIN	22 645	11 372	9 667
延　　边	YANBIAN	17 680	8 120	8 960
哈 尔 滨	HARBIN	60 522	41 583	15 100
上　　海	SHANGHAI	1 381 982	769 797	408 201
南　　京	NANJING	201 576	77 603	78 181
无　　锡	WUXI	141 627	56 500	71 979
苏　　州	SUZHOU	200 887	103 787	81 463
南　　通	NANTONG	39 993	17 348	20 053
连 云 港	LIANYUNGANG	18 941	8 643	8 563
杭　　州	HANGZHOU	297 506	150 181	114 731
宁　　波	NINGBO	210 191	96 905	88 418
温　　州	WENZHOU	101 906	46 595	48 825
合　　肥	HEFEI	52 098	22 472	19 621
黄　　山	HUANGSHAN	29 316	13 111	7 575
福　　州	FUZHOU	71 173	30 955	32 783
厦　　门	XIAMEN	103 123	48 747	43 734
泉　　州	QUANZHOU	67 609	25 252	34 721
漳　　州	ZHANGZHOU	6 259	2 813	2 802

6－6(续1)

城市名称 NAME OF CITY		营业收入 TOTAL REVENUE	＃客房收入 ROOM	＃餐饮收入 FOOD & BEVERAGE
南　昌	NANCHANG	36 668	18 558	9 347
九　江	JIUJIANG	12 770	6 403	4 157
济　南	JINAN	107 107	44 103	41 174
青　岛	QINGDAO	148 203	70 480	53 000
烟　台	YANTAI	36 190	15 809	14 763
威　海	WEIHAI	49 791	21 076	23 648
郑　州	ZHENGZHOU	110 126	48 475	49 272
洛　阳	LUOYANG	24 830	11 818	10 232
武　汉	WUHAN	138 964	74 028	50 083
长　沙	CHANGSHA	74 914	31 968	34 682
广　州	GUANGZHOU	472 602	310 628	53 175
深　圳	SHENZHEN	486 995	302 327	81 724
珠　海	ZHUHAI	238 315	172 915	20 679
汕　头	SHANTOU	107 654	70 515	11 870
湛　江	ZHANJIANG	79 746	53 024	9 809
中　山	ZHONGSHAN	89 636	59 126	10 474
南　宁	NANNING	41 914	20 834	17 440
桂　林	GUILIN	47 240	26 679	16 189
北　海	BEIHAI	23 795	10 400	5 942
海　口	HAIKOU	54 192	32 403	15 356
三　亚	SANYA	77 296	52 538	20 096
重　庆	CHONGQING	197 893	84 441	84 282
成　都	CHENGDU	171 938	96 214	54 357
贵　阳	GUIYANG	47 995	23 680	19 710
昆　明	KUNMING	98 981	52 892	34 018
拉　萨	LHASA	12 535	7 473	3 567
西　安	XI'AN	106 920	49 815	49 815
兰　州	LANZHOU	43 430	22 160	15 837
西　宁	XINING	19 006	10 746	6 252
银　川	YINCHUAN	20 645	9 751	8 467
乌鲁木齐	URUMQI	130 164	56 951	52 240

6－7 2004年全国星级

MAJOR STATISTICS IN

地方/项目 LOCALITY/ITEM	全员劳动生产率 (万元/人) OLP(10000 RMB¥/PER)	人均占用固定资产原值 (万元/人) AF(10000 RMB¥/PER)	百元固定资产创营业收入 (元) REVENUE/100F.A (RMB¥)	平均客房出租率 (%) OCCUPANCY (%)
总 计 TOTAL	**8.57**	**22.32**	**38.38**	**60.62**
北 京 BEIJING	13.31	39.26	33.90	64.64
天 津 TIANJIN	7.45	20.28	36.72	57.93
河 北 HEBEI	3.56	12.17	29.25	54.17
山 西 SHANXI	5.26	12.56	41.84	61.17
内蒙古 INNER MONGOLIA	3.43	15.27	22.47	56.49
辽 宁 LIAONING	8.16	35.06	23.27	59.47
吉 林 JILIN	7.13	25.60	27.87	58.39
黑龙江 HEILONGJIANG	4.67	26.85	17.41	57.38
上 海 SHANGHAI	18.35	40.83	44.95	68.89
江 苏 JIANGSU	9.06	19.76	45.84	66.44
浙 江 ZHEJIANG	9.25	20.53	45.05	68.01
安 徽 ANHUI	4.52	11.41	39.58	63.67
福 建 FUJIAN	6.64	16.30	40.70	55.63
江 西 JIANGXI	4.24	16.74	25.35	65.10
山 东 SHANDONG	6.53	20.33	32.12	60.72
河 南 HENAN	6.92	10.49	65.98	62.78
湖 北 HUBEI	5.29	16.03	32.99	54.14
湖 南 HUNAN	5.27	17.75	29.69	72.88
广 东 GUANGDONG	16.14	23.96	67.37	60.58
广 西 GUANGXI	4.26	10.71	39.83	56.26
海 南 HAINAN	6.34	30.72	20.63	55.54
重 庆 CHONGQING	6.74	19.51	34.57	61.17
四 川 SICHUAN	6.55	25.79	25.41	59.37
贵 州 GUIZHOU	6.23	17.97	34.70	64.99
云 南 YUNNAN	3.02	13.70	22.07	45.77
西 藏 TIBET	1.86	11.92	15.63	45.26
陕 西 SHAANXI	4.42	24.03	18.40	47.87
甘 肃 GANSU	3.80	15.23	24.95	47.18
青 海 QINGHAI	4.84	17.82	27.16	44.52
宁 夏 NINGXIA	4.72	17.26	27.32	66.09
新 疆 XINJIANG	7.63	24.49	31.17	56.76

NOTES:OLP:OVER ALL LABOUR PRODUCTIVITY

饭店主要经济指标
STAR - RATED HOTELS 2004

营业收入总额(万元) TOTAL REVENUE (10000RMB¥)	营业收入构成(%) BREAKDOWN OF TOTAL REVENUE		
	客 房 ROOM	餐 饮 FOOD & BEVERAGE	其 他 OTHERS
12 386 673.33	**51.88**	**32.27**	**15.85**
1 609 761.70	49.35	29.45	21.20
111 796.46	54.84	28.02	17.14
246 012.84	41.10	49.05	9.85
171 716.18	44.35	44.54	11.11
57 261.53	35.36	41.93	22.71
435 497.72	49.38	38.54	12.08
152 937.00	46.88	44.26	8.86
108 148.42	64.75	29.57	5.68
1 381 981.68	55.70	29.54	14.76
832 710.83	43.43	44.22	12.35
1 019 480.09	45.13	45.93	8.94
171 048.66	44.12	41.85	14.03
277 738.87	42.46	46.98	10.56
89 471.52	52.48	34.39	13.13
508 558.64	41.67	43.80	14.53
331 737.17	38.60	45.72	15.68
289 452.26	46.95	37.87	15.18
184 446.82	43.24	47.08	9.68
2 731 874.44	65.78	12.01	22.21
178 566.72	49.56	39.12	11.32
165 951.18	63.40	27.93	8.67
197 892.89	42.67	42.59	14.74
357 771.12	50.42	34.53	15.05
87 090.53	48.17	43.34	8.49
197 125.47	51.09	28.12	20.79
20 720.68	55.45	30.85	13.70
141 224.94	46.45	47.02	6.53
70 453.75	47.33	44.33	8.34
24 620.63	54.76	34.21	11.03
26 518.98	45.50	43.23	11.27
207 103.61	45.67	41.26	13.07

AF: AVERAGE FIXED ASSETS
100F.A: 100 RMB¥ FIXED ASSETS

6-8　2004年全国国有星级

MAJOR STATISTICS IN

地方/项目 LOCALITY/ITEM*	全员劳动生产率（万元/人） OLP(10000 RMB¥/PER)	人均占用固定资产原值（万元/人） AF(10000 RMB¥/PER)	百元固定资产创营业收入（元） REVENUE/100F.A (RMB¥)	平均客房出租率（%） OCCUPANCY (%)
总　计　TOTAL	**6.99**	**18.95**	**36.86**	**59.24**
北　京　BEIJING	9.87	36.36	27.14	58.98
天　津　TIANJIN	6.62	19.30	34.32	56.35
河　北　HEBEI	3.00	10.73	28.01	53.66
山　西　SHANXI	5.28	12.66	41.69	60.02
内蒙古　INNER MONGOLIA	2.04	16.13	12.64	50.92
辽　宁　LIAONING	9.24	32.87	28.12	58.80
吉　林　JILIN	6.23	18.49	33.71	58.88
黑龙江　HEILONGJIANG	5.13	16.31	31.44	55.48
上　海　SHANGHAI	16.22	41.84	38.76	68.09
江　苏　JIANGSU	8.70	17.54	49.62	65.32
浙　江　ZHEJIANG	9.26	24.30	38.09	68.22
安　徽　ANHUI	4.24	12.55	33.79	61.25
福　建　FUJIAN	6.56	19.29	34.00	51.32
江　西　JIANGXI	3.88	18.36	21.14	63.31
山　东　SHANDONG	5.70	16.93	33.69	57.91
河　南　HENAN	6.82	11.82	37.73	63.54
湖　北　HUBEI	4.61	12.43	37.04	53.55
湖　南　HUNAN	4.09	16.27	25.17	69.03
广　东　GUANGDONG	21.10	20.23	52.16	57.34
广　西　GUANGXI	4.33	12.02	36.05	54.81
海　南　HAINAN	4.69	23.06	20.33	54.77
重　庆　CHONGQING	6.32	17.75	35.60	61.69
四　川　SICHUAN	5.92	26.11	22.69	57.20
贵　州　GUIZHOU	6.29	13.95	45.10	64.52
云　南　YUNNAN	2.58	10.87	23.69	42.96
西　藏　TIBET	2.24	14.25	15.74	43.01
陕　西　SHAANXI	3.74	26.25	14.24	59.70
甘　肃　GANSU	3.66	16.25	22.52	47.25
青　海　QINGHAI	5.01	18.92	26.50	44.94
宁　夏　NINGXIA	5.38	17.74	30.35	62.76
新　疆　XINJIANG	7.40	24.92	29.69	55.99

注：*　本表是全国5482家国有饭店汇总资料。

NOTES: * THE TABLE INCLUDE ALL THE 5482 STATE-OWNED HOTELS.

OLP: OVERALL LABOUR PRODUCTIVITY

饭店主要经济指标*

STATE－OWNED STAR－RATED HOTELS 2004

营业收入总额（万元）TOTAL REVENUE（10000RMB¥）	营业收入构成（%）BREAKDOWN OF TOTAL REVENUE		
	客 房 ROOM	餐 饮 FOOD & BEVERAGE	其 他 OTHERS
5 186 153.38	**51.04**	**33.84**	**15.12**
412 150.10	48.63	30.95	20.42
48 216.21	53.44	29.15	17.41
165 630.00	40.88	48.46	10.66
100 236.86	46.65	42.74	10.61
19 180.88	44.18	46.24	9.58
197 905.86	49.61	37.48	12.91
83 537.50	46.32	46.02	7.66
45 957.10	70.27	27.36	2.37
558 963.25	54.50	29.34	16.16
297 421.07	43.26	42.20	14.53
388 721.36	49.44	40.38	10.18
88 174.79	43.00	38.75	18.25
144 906.24	42.65	46.79	10.55
52 044.57	54.02	36.75	9.23
218 680.34	40.90	44.52	14.57
246 387.20	40.99	46.22	12.79
138 524.08	48.60	38.76	12.64
83 553.55	41.73	49.20	9.07
979 877.37	65.43	12.41	22.15
124 736.45	49.08	38.30	12.62
27 923.17	64.48	27.81	7.71
96 099.53	42.44	39.05	18.51
141 916.27	51.41	35.23	13.36
56 466.24	42.82	48.27	8.91
80 511.09	53.20	27.10	19.70
14 156.53	56.33	32.04	11.64
96 112.81	47.10	46.87	6.03
54 442.49	47.46	43.04	9.51
22 455.58	55.76	34.89	9.35
19 802.82	46.92	41.51	11.57
181 462.07	45.27	41.06	13.67

AF:AVERAGE FIXED ASSETS

100F.A:100 RMB¥ FIXED ASSETS

七、旅行社基本情况

7. STATISTICS OF TRAVEL AGENCIES

7-1 2003～2004年全国旅行社单位数

NUMBER OF TRAVEL AGENCIES 2003-2004

单 位:家

UNIT:NUMBER

地 区 LOCALITY	旅行社总数 TOTAL TRAVEL AGENCIES		国际旅行社 INTERNATIONAL TRAVEL AGENCIES		国内旅行社 DOMESTIC TRAVEL AGENCIES	
	2004年 2004	2003年 2003	2004年 2004	2003年 2003	2004年 2004	2003年 2003
总 计 TOTAL	**14 927**	**13 361**	**1 460**	**1 364**	**13 467**	**11 997**
北 京 BEIJING	625	554	166	166	459	388
天 津 TIANJIN	242	231	24	19	218	212
河 北 HEBEI	708	630	33	31	675	599
山 西 SHANXI	486	406	33	23	453	383
内蒙古 INNER MONGOLIA	273	205	33	28	240	177
辽 宁 LIAONING	884	803	67	57	817	746
吉 林 JILIN	283	239	47	42	236	197
黑龙江 HEILONGJIANG	405	366	74	62	331	304
上 海 SHANGHAI	666	588	45	41	621	547
江 苏 JIANGSU	1 105	996	75	72	1030	924
浙 江 ZHEJIANG	961	855	48	46	913	809
安 徽 ANHUI	530	480	36	36	494	444
福 建 FUJIAN	512	470	41	38	471	432
江 西 JIANGXI	466	399	30	22	436	377
山 东 SHANDONG	1 346	1 172	64	55	1282	1117
河 南 HENAN	695	626	32	30	663	596
湖 北 HUBEI	500	460	33	30	467	430
湖 南 HUNAN	481	439	33	35	448	404
广 东 GUANGDONG	768	680	183	176	585	504
广 西 GUANGXI	361	340	54	50	307	290
海 南 HAINAN	153	157	36	39	117	118
重 庆 CHONGQING	199	203	22	23	177	180
四 川 SICHUAN	564	498	50	50	514	448
贵 州 GUIZHOU	149	142	12	12	137	130
云 南 YUNNAN	410	422	42	40	368	382
西 藏 TIBET	43	45	22	22	21	23
陕 西 SHAANXI	344	307	33	33	311	274
甘 肃 GANSU	240	218	33	27	207	191
青 海 QINGHAI	121	101	10	11	111	90
宁 夏 NINGXIA	78	63	7	7	71	56
新 疆 XINJIANG	329	266	42	41	287	225

7－2 2004年旅行社外联、接待入境旅游者情况(按地区分)

INTERNATIONAL TOURISTS LIAISED AND RECEIVED BY TRAVEL AGENCIES 2004

单位:人、人天

UNIT: PERSONS、NIGHTS

地 区 LOCALITY	外 联 LIAISED		接 待 RECEIVED	
	人 数 PERSONS	人天数 NIGHTS	人 数 PERSONS	人天数 NIGHTS
总 计 TOTAL	**8 347 956**	**35 024 291**	**14 129 596**	**35 481 199**
北 京 BEIJING	2 177 206	10 701 694	2 888 812	8 663 482
天 津 TIANJIN	124 202	670 547	128 655	701 905
河 北 HEBEI	11 614	86 490	94 593	278 903
山 西 SHANXI	16 407	82 676	73 246	232 269
内蒙古 INNER MONGOLIA	146 749	366 839	89 702	238 523
辽 宁 LIAONING	101 021	378 447	198 023	523 513
吉 林 JILIN	37 057	142 706	71 102	205 673
黑龙江 HEILONGJIANG	147 652	729 878	207 568	540 703
上 海 SHANGHAI	571 042	2 232 602	1 001 926	2 306 489
江 苏 JIANGSU	342 853	1 827 829	1 155 362	1 891 003
浙 江 ZHEJIANG	469 772	2 379 981	674 850	1 384 719
安 徽 ANHUI	39 973	224 638	85 929	251 387
福 建 FUJIAN	160 561	983 412	160 332	374 159
江 西 JIANGXI	14 366	52 705	29 251	107 207
山 东 SHANDONG	208 188	834 973	372 105	825 296
河 南 HENAN	52 090	316 785	190 469	320 310
湖 北 HUBEI	33 522	187 746	292 556	421 539
湖 南 HUNAN	63 208	279 314	264 230	1 138 011
广 东 GUANGDONG	2 358 525	5 590 700	3 674 927	6 571 126
广 西 GUANGXI	230 837	995 626	449 755	1 405 113
海 南 HAINAN	79 017	347 173	124 333	532 095
重 庆 CHONGQING	235 275	1 164 872	476 603	1 401 985
四 川 SICHUAN	259 024	1 657 222	326 145	1 941 299
贵 州 GUIZHOU	9 744	51 880	28 267	131 618
云 南 YUNNAN	181 537	942 309	395 758	1 290 807
西 藏 TIBET	12 770	107 934	29 269	174 788
陕 西 SHAANXI	122 981	839 163	395 293	806 237
甘 肃 GANSU	9 123	60 481	62 825	150 869
青 海 QINGHAI	1 607	3 853	4 561	13 339
宁 夏 NINGXIA	161	658	4 252	14 159
新 疆 XINJIANG	129 872	783 158	178 897	642 673

7－3 2004年旅行社组团、接待国内旅游者情况(按地区分)

DOMESTIC TOURISTS ORGANIZED AND RECEIVED BY TRAVEL AGENCIES 2004

单位：人、人天

UNIT: PERSONS、NIGHTS

地 区 LOCALITY	组 团 ORGANIZED		接 待 RECEIVED	
	人 数 PERSONS	人天数 NIGHTS	人 数 PERSONS	人天数 NIGHTS
总 计 TOTAL	**57 307 220**	**123 248 651**	**96 359 397**	**181 650 763**
北 京 BEIJING	4 020 984	8 946 921	5 714 155	21 912 196
天 津 TIANJIN	1 494 239	3 350 088	702 663	1 228 712
河 北 HEBEI	1 430 558	1 665 574	1 391 545	3 774 808
山 西 SHANXI	899 101	3 116 835	1 482 946	4 870 040
内蒙古 INNER MONGOLIA	182 692	247 593	269 238	1 062 281
辽 宁 LIAONING	1 938 829	3 290 196	2 015 561	4 211 053
吉 林 JILIN	382 540	332 962	372 383	640 784
黑龙江 HEILONGJIANG	932 839	1 635 245	475 589	853 508
上 海 SHANGHAI	8 552 588	17 175 761	8 340 818	11 886 023
江 苏 JIANGSU	5 497 456	13 684 961	13 583 382	18 987 154
浙 江 ZHEJIANG	5 175 462	11 173 341	7 026 845	12 322 960
安 徽 ANHUI	952 790	1 132 470	2 314 200	4 963 360
福 建 FUJIAN	1 298 970	3 450 172	2 714 799	5 400 155
江 西 JIANGXI	680 169	403 447	1 144 903	3 050 709
山 东 SHANDONG	2 033 093	5 125 539	3 045 306	7 162 278
河 南 HENAN	1 340 953	1 325 734	2 323 075	3 202 169
湖 北 HUBEI	2 032 429	5 088 651	1 864 428	2 184 071
湖 南 HUNAN	1 261 853	2 410 381	2 108 724	6 028 619
广 东 GUANGDONG	10 491 074	25 062 427	20 208 315	19 796 373
广 西 GUANGXI	767 258	1 952 108	3 090 472	6 570 606
海 南 HAINAN	236 817	762 665	1 557 730	6 142 439
重 庆 CHONGQING	1 046 796	1 293 743	2 138 805	3 296 695
四 川 SICHUAN	2 085 490	2 402 737	3 794 026	10 247 462
贵 州 GUIZHOU	300 402	343 929	418 894	995 411
云 南 YUNNAN	868 229	3 491 594	4 939 434	13 628 977
西 藏 TIBET	1 519	8 479	27 797	130 548
陕 西 SHAANXI	705 031	1 417 008	801 703	2 060 027
甘 肃 GANSU	217 341	1 097 799	349 607	734 688
青 海 QINGHAI	82 199	593 956	1 466 734	960 375
宁 夏 NINGXIA	74 655	213 971	149 549	289 763
新 疆 XINJIANG	322 864	1 052 364	525 771	3 056 519

7－4　2004年旅行社主要经济指标(按地区分)
MAJOR STATISTICS OF TRAVEL AGENCIES BY LOCALITY 2004

单位:万元
UNIT:10000 RMB¥

地　区 LOCALITY		营业收入 TOTAL REVENUE	上缴税金 TAX	资产总额 FIXED ASSETS
总　计	**TOTAL**	**10 178 219.75**	**69 541.89**	**4 243 825.87**
北　京	BEIJING	2 126 653.50	11 092.25	866 580.95
天　津	TIANJIN	130 933.84	639.84	60 199.24
河　北	HEBEI	121 700.27	876.08	49 914.71
山　西	SHANXI	118 485.89	473.03	49 227.84
内蒙古	INNER MONGOLIA	39 416.62	610.81	27 836.88
辽　宁	LIAONING	208 361.76	1 207.28	127 670.30
吉　林	JILIN	50 288.63	317.88	87 527.75
黑龙江	HEILONGJIANG	109 874.82	1 971.03	44 916.93
上　海	SHANGHAI	1 088 330.27	8 135.00	337 097.06
江　苏	JIANGSU	711 891.59	4 307.73	219 685.56
浙　江	ZHEJIANG	708 678.95	4 078.78	219 008.43
安　徽	ANHUI	156 111.72	546.84	48 689.67
福　建	FUJIAN	312 283.62	2 288.60	200 836.34
江　西	JIANGXI	124 660.98	672.84	55 958.16
山　东	SHANDONG	328 865.55	3 143.58	171 255.75
河　南	HENAN	133 635.45	848.99	84 261.77
湖　北	HUBEI	182 327.93	1 158.45	113 859.77
湖　南	HUNAN	212 536.40	663.95	56 228.83
广　东	GUANGDONG	1 564 052.54	15 641.53	626 849.01
广　西	GUANGXI	228 964.69	1 595.77	75 643.91
海　南	HAINAN	288 737.54	1 856.50	115 647.61
重　庆	CHONGQING	162 353.09	1 859.18	95 056.95
四　川	SICHUAN	273 511.38	1 059.76	150 182.61
贵　州	GUIZHOU	55 501.95	210.76	22 042.24
云　南	YUNNAN	349 809.31	1 884.55	142 556.40
西　藏	TIBET	14 072.67	157.32	18 003.99
陕　西	SHAANXI	198 219.23	750.30	80 320.73
甘　肃	GANSU	44 349.15	257.31	32 433.61
青　海	QINGHAI	12 772.87	270.74	12 020.44
宁　夏	NINGXIA	16 994.42	275.04	4 994.15
新　疆	XINJIANG	103 843.12	690.17	47 318.28

八、旅游企事业单位基本情况

8. STATISTICS OF TOURISM ENTERPRISES

8－1 2004 年旅游业从业人员基本情况

BREAKDOWN OF TOURISM EMPLOYEES 2004

单 位:人

UNIT:PERSON

地 方 LOCALITY		合 计 TOTAL	星级饭店 STAR－RAED HOTEL	旅行社 TRAVEL AGENCY	其 他 OTHERS
总 计	**TOTAL**	**2 448 751**	**1 446 104**	**246 219**	**756 428**
北 京	BEIJING	178 625	120 941	15 722	41 962
天 津	TIANJIN	22 013	15 015	4 442	2 556
河 北	HEBEI	95 307	69 121	7 072	19 114
山 西	SHANXI	63 757	32 668	7 590	23 499
内蒙古	INNER MONGOLIA	25 402	16 687	2 893	5 822
辽 宁	LIAONING	96 594	53 375	9 114	34 105
吉 林	JILIN	27 249	21 436	3 734	2 079
黑龙江	HEILONGJIANG	32 632	23 137	4 714	4 781
上 海	SHANGHAI	101 175	75 309	14 697	11 169
江 苏	JIANGSU	168 739	91 918	14 114	62 707
浙 江	ZHEJIANG	151 973	110 247	15 134	26 592
安 徽	ANHUI	58 815	37 872	6 395	14 548
福 建	FUJIAN	64 536	41 859	9 095	13 582
江 西	JIANGXI	166 090	21 079	5 416	139 595
山 东	SHANDONG	144 884	77 894	15 039	51 951
河 南	HENAN	69 717	47 927	8 891	12 899
湖 北	HUBEI	83 170	54 754	9 890	18 526
湖 南	HUNAN	56 950	34 998	10 089	11 863
广 东	GUANGDONG	320 825	169 255	26 996	124 574
广 西	GUANGXI	65 120	41 874	8 214	15 032
海 南	HAINAN	35 251	26 188	3 821	5 242
重 庆	CHONGQING	38 180	29 345	3 977	4 858
四 川	SICHUAN	128 536	54 599	10 126	63 811
贵 州	GUIZHOU	37 096	13 972	2 309	20 815
云 南	YUNNAN	81 386	65 189	10 824	5 373
西 藏	TIBET	12 264	11 123	758	383
陕 西	SHAANXI	44 457	31 938	6 072	6 447
甘 肃	GANSU	26 258	18 542	3 211	4 505
青 海	QINGHAI	6 847	5 088	1 373	386
宁 夏	NINGXIA	9 241	5 624	907	2 710
新 疆	XINJIANG	35 662	27 130	3 590	4 942

资料来源:国家旅游局

SOURCE:NATIONAL TOURISM ADMINISTRATION OF CHINA

8-2　2004年全国旅游院校基本情况

MAJOR STATISTICS OF TOURISM SCHOOLS & COLLEGES 2004

地　区 LOCALITY		旅游院校数（所） NUMBER OF TOURISM SCHOOLS AND COLLEGES			旅游院校学生数（人） NUMBER OF STUDENTS AT TOURISM SCHOOLS AND COLLEGES		
		总　计 TOTAL	*高等院校 INSTITUTES OF HIGHER EDUCATION	**中等职业学校 SECONDARY VOCATIONAL SCHOOLS	总　计 TOTAL	*高等院校 INSTITUTES OF HIGHER EDUCATION	**中等职业学校 SECONDARY VOCATIONAL SCHOOLS
总　计	**TOTAL**	**1 313**	574	739	578 622	274 701	303 921
北　京	BEIJING	105	9	96	5 6704	6 896	49 808
天　津	TIANJIN	14	4	10	5 656	3 512	2 144
河　北	HEIBEI	53	28	25	11 434	6 664	4 770
山　西	SHANXI	27	12	15	5 185	3 035	2 150
内蒙古	INNER MONGOLIA	3	2	1	1 190	725	465
辽　宁	LIAONING	79	21	58	42 518	18 947	23 571
吉　林	JILIN	17	10	7	4 942	2 774	2 168
黑龙江	HEILONGJIANG	50	35	15	12 668	7 289	5 379
上　海	SHANGHAI	49	24	25	21 181	8 083	13 098
江　苏	JIANGSU	90	47	43	23 200	15 773	7 427
浙　江	ZHEJIANG	48	32	16	22 999	10 222	12 777
安　徽	ANHUI	62	22	40	12 816	5 567	7 249
福　建	FUJIAN	65	23	42	16 153	6 314	9 839
江　西	JIANGXI	42	21	21	11 032	6 777	4 255
山　东	SHANDONG	68	41	27	31 418	20 517	10 901
河　南	HENAN	48	20	28	27 521	7 455	20 066
湖　北	HUBEI	50	28	22	20 525	8 496	12 029
湖　南	HUNAN	108	40	68	28 997	10 775	18 222
广　东	GUANGDONG	59	23	36	60 324	32 815	27 509
广　西	GUANGXI	29	13	16	17 728	10 862	6 866
海　南	HAINAN	15	6	9	12 413	7 471	4 942
四　川	SICHUAN	36	11	25	29 964	19 182	10 782
重　庆	CHONGQING	78	25	53	61 300	31 425	29 875
贵　州	GUIZHOU	27	17	10	9 244	5 073	4 171
云　南	YUNNAN	33	17	16	15 132	7 414	7 718
西　藏	TIBET	2	2	0	740	740	0
陕　西	SHAANXI	19	10	9	9 788	5 785	4 003
甘　肃	GANSU	14	13	1	2 313	1 581	732
青　海	QINGHAI	6	4	2	1 466	886	580
宁　夏	NINGXIA	3	2	1	651	566	85
新　疆	XINJIANG	14	12	2	1 420	1 080	340

注：*　高等院校指旅游高等院校及开设旅游系（专业）的普通高等院校和成人高等院校。

**　中等职业学校指旅游中等专业学校、旅游职业高中及开设旅游专业的其它中等专业学校、职业高中和技校。

NOTES: *　TOURISM INSTITUTES: TOURISM COLLEGES AND ORDINARY INSTITUTES OF HIGHER EDUCATION WITH TOURISM DEPARTMENTS.

**　SECONDARY VOCATIONAL SCHOOLS: SECONDARY TOURISM PROFESSIONAL SCHOOLS, VOCATIONAL TOURISM HIGH SCHOOLS, TOURISM CLASSES AT OTHER SECONDARY PROFESSIONAL SCHOOL, VOCATIONAL HIGH SCHOOL AND TECHNIC SCHOOL.

附　　录

APPENDIX

旅游统计基本概念和主要指标解释

1. **游客：** 指任何为休闲、娱乐、观光、度假、探亲访友、就医疗养、购物、参加会议或从事经济、文化、体育、宗教活动，离开常住国(或常住地)到其他国家(或地方)，其连续停留时间不超过12个月，并且在其他国家(或其他地方)的主要目的不是通过所从事的活动获取报酬的人。

游客不包括因工作或学习在两地有规律往返的人。

游客按出游地分为国际游客(即入境游客)和国内游客。按出游时间分为旅游者(过夜游客)和一日游游客(不过夜游客)。

2. **常住国：** 指一个人在近一年的大部分时间所居住的国家(或地区)或在这个国家(或地区)只居住了较短的时间，但在12个月内仍将返回的这个国家(或地区)。

3. **常住地：** 指一个常住国的居民，在近一年的大部分时间所居住的城镇或在这个城镇只居住了较短的时期，但在12个月内仍将返回的这个城镇。判定一个游客是国际游客还是国内游客不是根据这个游客的国籍而是根据他的常住国或常住地而定。

4. **入境旅游人数：** 指报告期内来我国观光、度假、探亲访友、就医疗养、购物、参加会议或从事经济、文化、体育、宗教活动的外国人、港澳台同胞等入境游客。统计时，外国人、港澳台同胞每入境一次统计1人次，即入境旅游人数。

入境旅游人数包括入境(过夜)旅游者和入境一日游游客。

5. **入境(过夜)旅游者：** 指入境游客中，在我国旅游住宿设施内至少停留一夜的外国人、华侨、港澳台同胞。

入境(过夜)旅游者不包括下列人员：① 应邀来华访问的政府部长以上官员及其随行人员；② 外国驻华使领馆官员、外交人员以及随行的家庭服务人员和受赡养者；③ 常驻我国一年以上的外国专家、留学生、记者、商务机构人员等；④ 乘坐国际航班过境不需要通过护照检查进入我国口岸的中转旅客；⑤ 边境地区往来的边民；⑥ 回内地(大陆)定居的港澳台同胞；⑦ 已在我国定居的外国人和原已出境又返回在我国定居的外国侨民；⑧ 归国的我国出国人员。

6. **入境一日游游客：** 指入境游客中，未在我国旅游住宿设施内过夜的外国人、华侨、港澳台同胞。入境一日游游客应包括乘坐游船、游艇、火车、汽车来华旅游，在车(船)上过夜的游客和机、车、船上乘务人员，但不包括在境外(内)居住而在境内(外)工作，当天往返的港澳同胞和周边国家的边民。

7. **国内游客：** 指报告期内在国内观光游览、度假、探亲访友、就医疗养、参加会议或从事经济、文化、体育、宗教活动的本国居民，其出游的目的不是通过所从事的活动谋取报酬。统计时，国内游客按每出游一次统计1人次。国内游客包括国内（过夜）旅游者和国内一日游游客。

8. **国内（过夜）旅游者：** 指国内居民离开惯常居住地在境内其他地方的旅游住宿设施内至少停留一夜，最长不超过12个月的国内游客。国内旅游者应包括在我国境内常住一年以上的外国人、港澳台同胞。但不包括到各地巡视工作的部级以上领导、驻外地办事机构的临时工作人员、调遣的武装人员、到外地学习的学生、到基层锻炼的干部、到境内其他地区定居的人员和无固定居住地的无业游民。

9. **国内一日游游客：** 指国内居民离开惯常居住地10公里以上，出游时间超过6小时，不足24小时，并未在境内其他地方的旅游住宿设施过夜的国内游客。

10. **国籍：** 是指给游客颁发护照（或其他身份文件）的政府所在的国家。

11. **外国人：** 指属外国国籍的人，加入外国国籍的中国血统华人也计入外国人。

12. **港澳台同胞：** 指居住在我国香港特别行政区、澳门特别行政区和台湾省的中国同胞。

13. **职业：** 旅游者在本次旅游前所从事的职业。

14. **出境游客（出境旅游人数）：** 指我国（大陆）公民因公或因私出境前往其他国家或地区观光、度假、探亲访友、就医疗养、购物、参加会议或从事经济、文化、体育、宗教活动的人数（即出境游客）。统计时，出境游客按每出境一次统计1人次。出境游客包括出境（过夜）旅游者和出境一日游游客。

15. **出境（过夜）旅游者：** 指我国大陆居民出境旅游，并在境外其他国家或地区的旅游住宿设施至少停留一夜的游客。

16. **出境一日游游客：** 指我国大陆居民出境旅游，在境外停留时间不超过24小时，并未在境外其他国家或地区的旅游住宿设施内过夜的游客。

17. **旅游收入：** 游客（入境游客和国内游客）在旅游过程中（由游客或游客的代表为游客）支付的一切旅游支出就是国家（省、区、市）的旅游收入。游客的旅游支出应包括（过夜）旅游者和一日游游客在整个游程中行、游、住、食、购、娱，以及为亲友、家人购买纪念品、礼品等方面的旅游支出，不包括为商业目的购物、购买房、地、车、船等资本性或交易性的投资、馈赠亲友的现金及给公共机构的捐赠。旅游收入包括国际旅游（外汇）收入和国内旅游收入。

18. **国际旅游（外汇）收入：** 入境旅游者在中国（大陆）境内旅行、游览过程中用于交通、参观游览、住宿、餐饮、购物、娱乐等全部花费。

19. **国内旅游收入：** 指国内旅游者在国内旅行、游览过程中用于交通、参观游览、住宿、餐饮、购物、娱乐等全部花费。

20. 团体入境游客(简称“团队”)： 指参加旅游团(通常采用综合包价、小包价、国际会议、海洋游船、应邀来访及临时组织的旅游团等形式)来中国大陆旅游的入境旅游者及入境一日游游客。

21. 提供单项服务人数： 指未参加旅游团来中国大陆旅游或仅由旅行社办理委托手续(包括接送、预订饭店、订机(车、船)票、导游等服务项目)，并按零星价格承办而不参加旅行团的入境旅游者及入境一日游游客。

22. 旅行社外联入境游客人数： 指报告期内旅行社自组外联的入境游客人数，反映旅行社对外招徕的能力。旅行社按以下要求统计外联人数：①国际游客入境后不论其停留时间多少、旅游线路长短，只统计一次；②旅行社只统计本社自主外联团的实到人数，非本社外联，仅由本社接受委托办理签证的人数不包括在内。

23. 旅行社接待入境游客人数： 指报告期内旅行社实际接待的团队及零散入境旅游者和入境一日游游客人数，以反映旅行社的接待工作量。旅行社接待入境游客的人数，既包括本社外联并接待的团队游客，也包括接受其他旅行社委托接待的团队游客。

24. 旅行社外联入境旅游者人天数： 指报告期内旅行社外联的每个入境旅游者在境内实际停留的天数之和。仅委托办理有关手续或提供单项服务的零散入境游客不计算人天。外联一日游游客超过 6 小时的按 1 人天统计。

25. 旅行社接待入境旅游者人天数： 指报告期内旅行社接待的每个入境旅游者在本省、市实际停留的天数之和。仅委托办理有关手续或提供单项服务的零散入境游客不计算人天。

26. 国内旅游组团人数(人天数)： 指报告期内旅行社招徕组织国内团队游客人数(人天数)。组团人数包括国内旅游者人数和国内一日游游客人数。

27. 国内旅游接待人数(人天数)： 指报告期内旅行社接待国内团队游客人数 (人天数)。接待人数(人天数)包括本社组团本社接待和外社组团本社接待的国内游客人数(人天数)。

28. 旅游住宿设施(旅馆业)： 指任何定期(或临时)为旅游者提供住宿条件的设施。旅游住宿设施包括星级饭店、宾馆、公寓、旅店、招待所、江河及海洋游船、培训中心、疗养院、度假村、假日营地、私人寓所、家庭住宅的出租客房及亲友提供的免费住宿设施等。

29. 星级饭店： 指已评定星级的饭店。

30. 星级饭店接待人数(人天数)： 指报告期内旅游者在星级饭店住宿的人数(人天数)。不论其住宿夜数多少，每接待一位旅游者只统计一次人数；一个旅游者住宿几夜，相应计算几个人天数。

31. 客房出租率： 指报告期内客房实际出租间天数除以报告期内客房可出

租间天数的百分数。其计算公式为：

$$客房出租率(\%)=\frac{\sum 客房实际出租间天数(间天)}{\sum 客房核定出租间天数(间天)}\times 100$$

32. **客房实际平均价格：** 指报告期内旅游饭店（宾馆）、公寓、涉外游船实际出租客房、公寓的平均价格。其计算公式为：

客房实际平均价格（元/间天）=客房收入（元）/客房实际出租间天数（间天）

33. **营业收入：** 指企业各项经营业务的收入。饭店（宾馆）、写字楼、公寓、旅店的营业收入（总额），包括客房收入、餐饮收入、商品部收入、车队收入、其他收入等；旅行社的营业收入（总额），包括综合服务收入、组团外联收入、零星服务收入、劳务收入、票务收入、旅游及加项收入、其他收入等；酒楼、餐馆等饮食企业的营业收入包括餐费收入、冷热饮收入、服务收入、其他收入等；从事咨询服务的咨询公司的服务收入，也计入本科目。

旅行社（不论是组团社还是接团社）组织境外旅游者到国内旅游，应以旅行团队离境（或离开本地）时确认营业收入实现；旅行社组织国内旅游者到境外旅游，应以旅行团旅行结束返回时确认营业收入实现；旅行社组织国内旅游者在国内旅游，也应以旅行团旅行结束返回时确认营业收入实现。

旅行社、旅游饭店营业收入不包括本单位直属其他独立核算企业的营业收入。

34. **营业税金及附加（即业务税金及附加）：** 指企业与营业收入有关的，应由各项经营业务负担的税金及附加，包括营业税、城市维护建设税及教育费附加等。饭店（宾馆）、公寓、旅店、酒楼、餐馆等企业应按营业收入的一定比例计算缴纳营业税；旅行社应按营业收入净额（营业收入总额扣除代收代付的房费、餐费、交通费等费用）计算缴纳营业税。

35. **经营利润：** 指企业经营取得的收入，也可理解是一种毛利润，经营利润等于营业收入减去营业成本、营业费用、营业税金及附加。

36. **营业利润：**是利润总额的主要组成部分。指企业经营利润减去管理费用、财务费用后的差额。

37. **利润总额：** 指企业在一定时期内实现的盈亏总额，反映企业最终的财务成果。计算公式为：

利润总额=营业利润+补贴收入+投资收益+营业外收入-营业外支出

该指标如小于零，表示亏损。

38. **固定资产原价：** 指企业在建造、购置、安装、改建、扩建、技术改造某项固定资产时所支出的全部货币总额。

39. **固定资产净值：** 指企业固定资产原价扣除累计折旧后的余额。

40. **年末从业人员：** 指年度末由企业支付工资的各类职工（包括正式职工、合同制职工、临时工、计划外用工等）的人数。

41. **企业登记注册类型：** 以企业在工商部门登记注册时的企业类型为依

据，按国家统计局与国家工商行政管理局联合制定的《关于划分企业登记注册类型的规定》分为：内资企业、港澳台商投资企业、外商投资企业。内资企业包括：国有企业、集体企业、股份合作企业、有限责任公司、股份有限公司、私营企业和其他企业。港澳台商投资企业包括：合资经营企业、合作经营企业、港澳台商独资企业和港澳台商投资股份有限公司。外商投资企业包括：中外合资经营企业、中外合作经营企业、外资（独资）企业、外商投资股份有限公司。

42. **旅游高等院校：** 指国家承认学历、开设旅游学院（系、专业）的普通高等院校和成人高等院校。

43. **旅游中等职业学校：** 指国家承认学历的旅游中等专业学校、旅游职业中学（高中）及开设旅游专业班的技校和普通中学。

TECHNICAL NOTES

1. **Visitor** – refers to any person who travels to a country (or place) other than that of his or her residence for a period not exceeding 12 months for leisure, entertainment, sightseeing, holiday, visiting relatives or friends, medical care, shopping, meeting, or taking part in economic, cultural, sports or religious activities, where the main purpose of the travel is not for remuneration.

A visitor does not refer to any person who commutes between two places regularly for career or education.

According to the origin of the travel, visitors are classified as international visitors (i.e., inbound visitors) and domestic visitors. According to the length of stay, visitors are classified as tourists (i.e., overnight visitors) and same – day visitors (non – overnight visitors).

2. **Country of Residence** – refers to the country (or region) where a person resides for most of the time over the past year, or for a short period of time but then the person returns within 12 months.

3. **Place of Residence** – refers to the city (or town) where a person resides for most of the time over the past year, or for a short period of time but the person returns within 12 month. The criterion to classify whether a visitor is an international visitor or a domestic visitor is not the person's citizenship, but his or her country of residence or place of residence.

4. **International Visitors (Inbound Visitor Arrivals)** – refer to foreigners or compatriots from Hong Kong, Macao and Taiwan who come to China within the reporting time frame for sightseeing, holiday, visiting friends and relatives, medical care, shopping, meeting, or taking part in economic, cultural, sports or religious activities. Each time of entry is recorded as one time of arrival, and the total sum makes up the inbound visitor arrivals.

Inbound visitor arrivals (international visitors) include inbound (overnight) tourists and inbound same – day visitors.

5. **Inbound (overnight) tourists** – refer to those inbound visitors who stay at least for one night at tourist accommodation establishments in China.

Inbound (overnight) tourists do not include following persons:

(1) Officials of ministerial level or above and their aids and escorts who come to

visit China at the invitation of Chinese;

(2) Officials and diplomats of foreign diplomatic missions to China, including their household service people and dependents;

(3) Foreign experts, students, journalists, trade representatives who stay in China over one year;

(4) Transit passengers of international flights without going through Chinese frontier checks;

(5) Border residents;

(6) Compatriots from Hong Kong, Macao and Taiwan who reside in the mainland permanently;

(7) Foreigners who has already become residents in the country or who left the country but has returned to reside in the country;

(8) Chinese nationals who return from foreign countries.

6. **Inbound Same – day Visitors** – refer to those inbound visitors who do not stay overnight in the tourist accommodation establishments. They include visitors, drivers, crewmembers who stay overnight on board of cruise ships, yachts, trains or motor vehicles, but they do not include those compatriots from Hong Kong, Macao and Taiwan and those residents of the bordering countries who reside outside (inside) while work inside (outside) China.

7. **Domestic Visitors** – refer to Chinese nationals who travel within the country within the reporting time frame for sightseeing, holiday, visiting friends and relatives, medical care, meeting, or taking part in economic, cultural, sports or religious activities. Their purposes of travel are not for remuneration from the activities afore mentioned. Each time of their travel is recorded as one person time. Domestic visitors include domestic (overnight) tourists and domestic same – day visitors.

8. **Domestic Tourist** – refers to any residents of the country who leaves his or her usual place of residence and travels to another place within the country and stay at least one night but not exceeding 12 months at the tourist accommodation establishments, where the main purpose of the travel is not for remuneration. Domestic tourists should include those foreigners and compatriots from Hong Kong, Macao and Taiwan who reside in the country over one year; They do not include officials at the ministerial level and above on inspection trips, temporary staff members in the offices in other cities, military staff mobilized to other areas, students studying in other places of the country, government employees on field training, people who travel to another place to reside, and people without fixed residence.

9. **Domestic Same – day Visitor** – refers to a resident of the country who leaves his or her usual place of residence over 10 kilometers away for over 6 hours but less than 24 hours and does not stay overnight in the tourist accommodation establishments in other places.

10. **Citizenship** – refers to the country where the government issues the passport (or other identification documents) to a visitor.

11. **Foreigners** – refer to persons with foreign citizenship, including Chinese descents who have acquired foreign citizenship.

12. **Compatriots of Hong Kong, Macao and Taiwan** – refer to the Chinese compatriots who reside in Hong Kong Special Administrative Region, Macao Special Administrative Region and Taiwan province.

13. **Occupation** – refers to the occupation a visitor holds before the trip.

14. **Outbound Visitor (outbound departure)** – refers to a Chinese (mainland) citizen who departs from China to a foreign country (or region) for leisure, entertainment, sightseeing, holiday, visiting relatives or friends, medical care, shopping, meeting, or taking part in economic, cultural, sports or religious activities. Each time of departure is recorded as one person time. Outbound visitors include outbound (overnight) tourists and outbound same – day visitors.

15. **Outbound Tourist** – refers to a resident of the mainland who departs the country for travel and stays at least one night at the tourist accommodation establishments in another country or region.

16. **Outbound Same – day Visitor** – refers to a resident of the mainland China who makes an outbound travel for less than 24 hours and does not stay overnight in the tourist accommodation establishments in the country or region.

17. **Tourism Receipts** – all the expenditures made by visitors (inbound visitors and domestic visitors) or by representatives of the visitors in the course of their travel constitute the tourism receipts of a country (province, region, city). Tourism expenditures of visitors should include expenses made by (overnight) tourists and same – day visitors throughout their travel on transport, tours, lodging, food, shopping, entertainment, and souvenirs and gifts for friends and relatives. Tourism expenditures do not include purchases of goods, real estate, house, motor vehicle, water vessel for commercial purposes, neither include capital nor transactional investments, cash given to friends and relatives, donations to public organizations. Tourism receipts include international tourism (foreign exchange) receipts and domestic tourism receipts.

18. **International Tourism (foreign exchange) Receipts** – refer to the total expenditure made by inbound tourists within the territory of China (the mainland) in their course of travel on transport, tours and sightseeing, lodging, food and beverage, shopping, entertainment and etc.

19. **Domestic Tourism Receipts** – refer to the total expenditure made by domestic tourists within the territory of China (the mainland) in their course of travel on transport, tours and sightseeing, lodging, food and beverage, shopping, entertainment and etc.

20. **Group Inbound Visitors ("Groups" for short)** – refer to inbound tourists and

same－day visitors who travel to the mainland China as groups (usually the groups are in the form of all－inclusive packages, small packages, international conferences, cruise liners, invited groups and temporarily organized tourist groups).

21. **Number of Visitors Requiring Individual Services** － refer to inbound tourists and inbound same－day visitors who do not join in tour groups but entrust travel agents to handle travel procedures (including pick－up and seeing－off, hotel booking, ticket reservation, guide service etc). The service charges are based on those for walk－in customers.

22. **Number of Inbound Visitors Liaised by Travel Agencies** － refers to the number of inbound visitors liaised by any travel agency within the reporting time frame. It reflects the sales abilities of travel agencies. Travel agencies are required to record the number of inbound visitors according to: (1) Upon arrival, the entry of international visitors is recorded only once no matter how long they will stay and how long their itineraries are; (2) Travel agencies record only the actual arrival number of visitors liaised by the travel agencies concerned, excluding the number of visitors liaised by other travel agencies but whose visas are processed by the travel agencies concerned.

23. **Number of Inbound Visitors Received by Travel Agencies** － refers to the number of group and independent inbound tourists and inbound same－day visitors actually received by the travel agencies concerned within the reporting time frame. This indicator reflects the work load of travel agencies. It includes not only group visitors liaised and received by the travel agencies concerned but also group visitors entrusted by other travel agencies.

24. **Number of Days of Inbound Tourists Liaised by Travel Agencies** － refers to the sum of the days of actual stay of each inbound tourist liaised by travel agencies concerned in a given area within the reporting time frame.

25. **Number of Days of Inbound Tourists Received by Travel Agencies** － refers to the sum of the days of actual stay of each inbound tourist received by travel agencies concerned in a given area within the reporting time frame.

26. **Number of Domestic Group Visitors (Days)** － refer to the number of domestic group visitors (days) liaised by travel agencies within the reporting time frame. They include domestic group tourists (days) and domestic group same－day visitors (days).

27. **Number of Domestic Visitors (Days) Received by Travel Agencies** － refer to the number of domestic group visitors (days) received by travel agencies within the reporting time frame. They include domestic visitors organized and received by the travel agencies concerned and domestic visitors organized by other travel agencies but received by the travel agencies concerned.

28. **Tourist Accommodation Establishments (Hotel Industry)** － refer to all kinds of establishments that can accommodate tourists regularly or temporarily. They include star-rated hotels, apartments, inns, guesthouses, cruise ships and boats, training cen-

ters, sanatoriums, holiday resorts, campsites, private dwellings, family rental rooms and lodging facilities provided by relatives and friends.

29. **Star-Rated Hotels** – refer to accommodation establishments which are star-rated.

30. **Number of Tourists (Nights) Received at star-Rated hotels** – refers to the number of tourists (nights) received at Star-Rated hotels within the reporting time frame. No matter how many nights a tourist stays, each tourist is recorded only once. The number of nights a tourist stays at a hotel equals the number of tourist nights.

31. **Room Occupancy Rate** – refers to the number of rooms (nights) actually sold divided by the number of rooms (nights) available within the reporting time frame. The formula is as follows:

$$\text{Room Occupancy Rate (\%)} = \frac{\text{Number of Rooms (Nights) Actually Sold}}{\text{Number of Rooms (nights) available}} \times 100\%$$

32. **Actual Average Room Rate** – refers to the actual average price of rooms of tourist hotels, apartments and cruise ships. The formula goes:

Actual average room rate (Yuan/Room Day) = Room sales (Yuan) / Actual number of rooms sold days.

33. **Business Income** – incomes from business operations of an enterprise. Business income of hotels, office buildings, apartments and inns includes sales from rooms, catering, shopping, transport services and other incomes; Business income of travel agencies includes inclusive service charges, handling charges from organizing groups, odd services, labor service, ticketing service, tours and extra service charges, and other incomes; Business incomes of restaurants includes food and beverage sales, service charges, and other incomes; Incomes of consulting services provided by consultant firms are also recorded under this item.

For travel agencies (organizing companies and reception companies) handling inbound tourists, only the realized business incomes upon the departure of the tourist groups from the country (or local area) should be recorded as their business incomes; For travel agencies handling outbound tourists, only the actual realized incomes upon returning of the tourist groups should be recorded as their business income; For travel agencies handling domestic tourists, only the actual realized incomes upon returning of the tourist groups should be recorded as their business income. The business income of the travel agencies or hotels does not include that of their subsidiary enterprises which have independent accounting.

34. **Business Tax and Additional Levies** – refer to taxes and additional levies related to enterprises' business income, including business tax, urban maintenance and construction tax, and additional education levies. Business tax of hotels, apartments, restaurants should be paid based on a certain percentage of the business income; Business tax of travel agencies should be paid based on a certain percentage of net income.

35. **Operational Revenue** – refers to incomes gained from business operations. It can be understood as one type of gross profit. Operational revenue equals to business income minus business cost, business expenses, business tax and additional levies.

36. **Business Revenue** – is the main body of the gross profit. It refers to operational revenue minus management fees, accounting fees.

37. **Gross Profit** – refers to the balance of total profits and losses within a given period. This indicator reflects the final accounting result. The formula is: Gross profit = business revenue + subsidies income + investment returns + incomes from outside business activities – expenditures outside business activities. If this indicator is small than zero, it stands for loss.

38. **Original Value of Fixed Assets** – refer to the total cash value of the fixed assets of an enterprise when they are set up, purchased, installed, renovated, expanded or technically upgraded.

39. **Net Value of Fixed Assets** – refers to the balance of the original value of fixed assets and accumulated depreciation.

40. **Employment at the End of the Year** – refers to the total number of employees on the payroll at the end of the year. The employees include formal, contract, temporary staff and recruits outside planned employment.

41. **Category of Enterprise at Registration** – According to the categories of enterprises at registration with industrial and commercial registration offices and basing on the "Regulation on Classifying Categories of Enterprises at Registration" formulated by National Statistics Bureau and National Industrial and Commercial Administration Bureau, enterprises are classified into following categories: domestic – invested Enterprises, enterprises with Investment from Hong Kong, Macao, or Taiwan, foreign – invested Enterprises. Domestic – invested enterprises include state – owned enterprises, collective – owned enterprises, share holding co – operative enterprises, limited liability enterprises, limited liability shares enterprises, private enterprises, and other categories of enterprises; Enterprises with investment from Hong Kong, Macao, or Taiwan include joint – venture enterprises, co – operative enterprises, fully – Hong Kong, Macao or Taiwan – invested enterprises, and limited liability shares enterprises with Hong Kong, Macao or Taiwan investment; Foreign invested enterprises include Sino – foreign joint – venture enterprises, Sino – foreign co – operative enterprises, fully foreign invested enterprises, limited liability shares enterprises with foreign investment.

42. **Higher Learning Institutions in Tourism** – refer to ordinary higher learning institutions or adult higher learning institutions which have tourism institutes or department or specialty and which grant state recognized educational certificates.

43. **Technical Schools in Tourism** – refer to tourism technical schools, or tourism professional middle (high) schools, or other technical schools or ordinary middle schools which offer tourism courses and grant state recognized educational certificates.

责任编辑:许晓梅
责任印制:李崇宝

图书在版编目(CIP)数据

中国旅游统计年鉴.2005/中华人民共和国国家旅游局编.—北京:中国旅游出版社,2005.12
ISBN 7-5032-2770-2

Ⅰ.中… Ⅱ.中… Ⅲ.旅游业—统计资料—中国—2005—年鉴 Ⅳ.F592-66

中国版本图书馆CIP数据核字(2005)第139638号

书　　名:中国旅游统计年鉴2005
编　　著:中华人民共和国国家旅游局
出版发行:中国旅游出版社
(北京建国门内大街甲9号　邮编:100005)
http://www.cttp.net.cn　E-mail:cttp@cnta.gov.cn
发行部电话:010-85166507　85166517
印　　刷:北京市1201印刷厂印刷
版　　次:2005年12月第1版　2005年12月第1次印刷
开　　本:787毫米×1092毫米　1/16
印　　张:10
字　　数:220千字
定　　价:80.00元
I S B N　7-5032-2770-2/F·323